窗的彼端

PO DRUGIEJ STRONIE OKNA

OPOWIEŚĆ O JANUSZU KORCZAKU

安娜・切爾雯絲卡—李德爾 著
Anna Czerwinska-Rydel
林蔚昀 譯

孩子需要活動、空氣、光——沒錯。
但是孩子還需要一些別的。
他需要廣闊的空間、自由，以及一扇打開的窗。

——雅努什．柯札克

導讀

窗的彼端，光的彼端

林蔚昀

我從二〇一六年開始在臺灣引介雅努什．柯札克的作品，翻譯了《如何愛孩子》、《麥提國王執政紀》、《麥提國王在無人島》、《當我再次是個孩子》、《柯札克猶太隔離區日記》和《布魯卡的日記》。這些書很受大家喜愛，也進而讓很多人開始對柯札克的生平感到好奇：「為什麼一個十九世紀末、二十世紀初的波蘭醫生，會注意到兒童人權？是什麼讓他成為這樣有同理心又有勇氣的人？」

一直有人問我：「有沒有柯札克的傳記？」其實，臺灣很早就出了《好心的國王：兒童權利之父—柯札克的故事》（湯馬克．包格奇著，林真美譯），這本書很動人而且深入淺出，不過因為是繪本，篇幅比較短。波蘭知名作家尤安娜．歐恰克—若妮可（Joanna Olczak-Ronikier）則寫過一本內容豐富扎實的傳記，但是它很厚（四百多頁）。而我想找一本適合大人也適合孩子讀的柯札克傳記，因為我覺得讓孩子認識柯札克很重要。

不過，我不想找那種小孩看了會覺得「好無聊喔」的偉人傳記，我希望除了傳達理念，這本書也要好看。我也不想找只說光明、不說黑暗的傳記，那樣太虛假了，而且會讓人心生畏懼——我曾聽過家長跟我說：「柯札克的理念很好，但是我不敢看，因為我怕我做不到。」可是，柯札克明明就不是那麼完美的人啊，他也沒有要求別人完美。

終於，我在二〇一八年找到了安娜．切爾雯絲卡—李德爾所著的《窗的彼端》，內容深刻完整，讀起來卻很平易近人。小說中有許多黑暗、令人心痛的瞬間，比如柯札克小時候被禁止和街上的孩子一起奔跑嬉戲，只能在公園乖乖坐著（保母說，出身上流的他和街童玩有失身分，那時候窮人也不被允許進入公園）。他常被爸爸叫「笨蛋」和「媽寶」，第一天上學就看到同學被老師打，讓他很害怕，不想上學（所以，這就是為什麼他要求大人尊重兒童、不能體罰，因為有過切身之痛）……青少年期間，令他又愛又怕的律師爸爸，被送進了精神病院，後來死在那裡。過沒多久，唯一理解他的外婆也過世了。

家道突然中落，本來處於上流社會的柯札克，現在必須半工半讀、貼補家用，還因此留級……等他好不容易當上了醫師和作家、成為孤兒院的院長，實現了兒時的夢想，卻因為照顧病人而感染斑疹傷寒。媽媽照顧生病的他，結果因被他傳染而過世了……那時候他難過到不想活了，但後來還是努力站起來，幫助了更多的人。當他和孩子們被送入猶太隔離區，他依然陪在孩子們身邊，因為「陪伴」是他在那樣絕望的情況下，唯一可以為孩子做的事。

看過《窗的彼端》，我們會發現，原來柯札克的理念都來自生活，所有「孤兒之家」的規定和裝置，都不是因為「想要實現崇高的教育理念」而存在，而是因為柯札克想要解決生活中遇到的問題：因為孩子一直問東問西，會讓老師無法處理其他事，所以有了公布欄。因為想讓孩子抒發情緒，所以設置了眼淚的名單——孩子可以在上面寫他們為何哭泣；這些孩子來到孤兒院，和兄弟姊妹分開，還要和一群陌生人一起生活，確實有很多難過想哭的時刻，眼淚的名單讓他們覺得自己有人關心、有人愛，於是他們就比較少哭泣了。剛搬到「孤兒之家」時，孩子們因為不適應新環境（沒用過抽水馬桶、不習慣自己睡一張床）而變得不守規矩，所以柯札克幫他們創辦報紙，寫孤兒院裡面的事，這樣孩子有事忙，又可以對新環境有認同、歸屬感，就不會搗蛋了……

有讀過柯札克作品的人，都會對他發明的兒童法庭制度感到很好奇，但大部分的人都不知道它如何運作、目的為何（老實說我也是）。這本書做了一個很好的展示：在書中，有一個偷手錶的故事。瑪莉娜．法絲卡是基輔一家孤兒院的院長，為了一個偷手錶的孩子很苦惱，柯札克建議不要先急著懲罰孩子，而是弄清楚到底發生什麼事。在柯札克的抽絲剝繭下，發現偷手錶的孩子其實是為了保護另一個孩子，讓他不受大孩子欺負而偷手錶，如果只懲罰偷手錶的孩子，既無法發現事情的真相，也無法解決問題。而兒童法庭可以讓大人知道「孩子到底發生了什麼事」，並且讓孩子和大人一起思考如何解決問題。透過思考，孩子也能學習到什麼是責任、權利、道德和義務，而不是只是因為不想受罰，表面上「聽大人的話」，實際上陽奉陰違。

比起「如何讓孩子聽話」、「如何教養孩子」，柯札克更關心孩子的心，他告訴一群即將當老師的年輕人，「當你們想對孩子生氣、大叫，當你們想要懲罰孩子、羞辱孩子，請記得眼前的這幅景象，想想孩子的心。」當他去度假，發現有兩個小孩在溜樓梯扶手，其中一個跌倒了。這樣的情況如果是我們遇到了，一定會痛罵小孩：「知不知道這樣很危險啊！」但柯札克沒有這麼做，他知道想出這遊戲的小孩一定有罪惡感，也知道跌倒的小孩會對同伴有所不滿，所以他想出了一個方法讓他們扯平；解決完糾紛，柯札克走回房間，看著窗外玩耍的孩子，打開窗戶讓打鬧的聲音進來才開始寫作。在這本書，窗戶的意象不斷出現，有時窗外是未知、可怕的事物，有時窗外是自由的，有時窗讓大人可以觀察、照顧孩子——窗代表的是可能性，要怎麼看待、使用它，取決於窗前的人。

對於想要了解柯札克、兒童人權、兒童心理的人來說，《窗的彼端》是一本很棒的小說。另外，我覺得還有一個值得讀這本書的理由：柯札克生活的時代，是一個動盪不安、光影交錯的時代，他在戰場上、在猶太隔離區，經常要面臨自己和別人生命受威脅的情況。然而，在被死亡的陰影包圍時，他依然努力往有光的彼端靠近，積極為兒童爭取權利。即使在隔離區，他也和當地的神父商量，讓孩子去教堂的花園玩耍（這可以在《柯札克猶太隔離區日記》中看到），因為雖然在戰時，孩子也是要遊戲的；或者我們該說，就是因為在戰時，孩子更需要綠地與遊戲，這可以幫助他們面對生命中的困境與危難。

我相信，正因為想要為自己和孩子維持一份正常、有尊嚴的生活，讓柯札克可以在極度艱困殘酷的現實中撐下去，對「孤兒之家」其他的老師和孩子們來說，應該也是如此（雖然他們最後都被屠殺了，但這不代表他們的努力失敗）。窗的彼端有黑暗也有光，如果不努力向有光、有希望的那一邊移動，就會被黑暗中的怪物（冷漠、放棄、絕望、焦慮、不安、憂鬱、憎恨、不信任、道德淪喪）吞噬。我想，柯札克一直明白這一點。

幾年前，我在臺中綠川讀《布魯卡的日記》給一群孩子聽（那是一場書店的活動），當我說：「柯札克會讓孩子吵鬧、奔跑。」一個孩子說：「哇！他好好。」而如今，我希望大人和孩子讀完《窗的彼端》也會說出：「哇！他好好。」並且理解他為何這麼好，然後，也和他一樣，朝有光的彼端邁進。

我們都可以成為一個讓別人說出「哇！他好好」的人，這沒有這麼難，只是要一直努力。

目次

004 導讀 窗的彼端，光的彼端
015 第一部 亨利克・哥德施密特
059 第二部 雅努什・柯札克
255 附錄 誰是柯札克？

第一部

亨利克・哥德施密特

富貴之家

這不是童話，這是一個真實的故事。

這不是童話，這是關於某個男孩的真相。

故事是這樣開始的。

從前有一戶有錢人家……

從前有一戶有錢人家，住在華沙的蜂蜜街，離皇家城堡不遠。這戶人家的房子有七個房間：書房、客廳、飯廳、交誼廳、臥室、兒童房和外婆的房間。每一個房間都有鋪上絨布的雕花家具，窗前掛著厚厚的天鵝絨窗簾，地板上則鋪著柔軟的地毯。

這個家還有廚房、食物儲藏間、浴室、廁所和給僕人住的房間。家裡到處都有小桌子、漂亮的衣櫃、舒服的扶手椅和沙發，以及許多立鐘和掛鐘，每個小時都會報時。還有煤氣燈——當時還沒有電燈。

在這個有錢人家，住著一位名叫約瑟夫．哥德施密特的律師，以及他的妻子齊西莉亞、他的女兒安娜，和他的岳母艾蜜莉，也就是他孩子的外婆。一八七八或一八七九年、在安娜三或四歲的時候，她的弟弟出生了。這男孩被取名為「亨利克」，那是他醫師爺爺的名字。

亨利克是個討人喜歡的孩子，他很安靜、很溫和，情緒總是平穩，常常在沉思。當他已經長大、可以一個人玩，最常做的事就是在兒童房裡堆積木，甚至能堆上好幾個小時。

「你堆這麼久的積木，都不會無聊嗎？」孩子們的保母瑪莉莎問。

「不會。」亨利克說，然後繼續堆著積木。

「他對其他事都不感興趣！」母親齊西莉亞小姐擔心的說。

「外婆，我用積木創造整個世界。」亨利克告訴外婆自己的祕密。

「你真是個哲學家。」外婆說，然後心領神會的對亨利克眨了眨眼。

保持安娜和亨利克全身上下乾乾淨淨，是保母瑪莉莎的工作，她也會要求孩子們把盤子裡的食物都吃完，要求他們不能說髒話，還有要喝魚油。魚油很難喝，所以孩子們竭盡所能，逃避這個每天都要喝的「重要營養品」。但是沒辦法，在瑪莉莎敏銳的監視下，他們根本逃不過。

「只要我在，我就必須照顧你們的健康，不管你們願不願意。」她說，然後堅定的把滿滿一湯匙黃色的魚油，拿到兩個孩子面前。

「噁，聞起來就像爛掉的魚。」安娜一臉嫌惡的說。

亨利克什麼都沒說，只是想著：那瑪莉莎小姐是不是每天也都要喝魚油？不然為什麼小孩必須活得健康，大人卻不需要呢？

天氣好的時候，保母會帶孩子們去薩克森花園，他們會走在有馬車拉著輕軌列車行駛的街道上。

「不要跑！淑女不可以跑步。」瑪莉莎提醒安娜。「不要跳！」她對亨利克說：「你必須守規矩。」

孩子們都很喜歡薩克森花園，那裡有個池塘，裡面有白天鵝在游泳。還有一個噴泉，可以在那裡接礦泉水來喝。林蔭大道兩側長著高大的樹，還矗立著許多希臘雕像。公園裡有一張瑪莉莎特別喜歡的長椅，她總是會坐在那裡，而安娜和亨利克會坐在她兩側，然後她會叫他們守規矩、有禮貌。在花園的大門前有一名守衛，他的工作是不讓任何穿著破爛衣服的孩子進去。亨利克坐在長椅上，晃著雙腳，帶著渴望的眼神，看著那些在公園外玩耍的孩子們。

「不要看。」瑪莉莎提醒亨利克：「你不能跟他們一起玩。」

「但是我想跟他們玩……」

「這孩子一點尊嚴都沒有。」從保母那聽說亨利克的夢想後，齊西莉亞小姐擔心的說：「對他來說，吃什麼、穿什麼、和誰一起玩都沒差。他會和自己這個圈子的孩子玩，也會和窮人家的孩子玩，甚至還和小小孩一起玩！」

父親約瑟夫先生生氣的說：「我們真是生了一個愚蠢又軟弱的小鬼！」

「才不是！」外婆艾蜜莉說：「他很聰明，很有同理心。他是個好孩子。」

「好過頭了。」約瑟夫先生嘟囔：「他這輩子絕不會出人頭地。」

他說出這個可怕的預言後，關上了書房的門。

有用的事

一連下了好幾天的雨，大雨淹沒了街道，樹和草地都變得濕濕的，到處泥濘一片。

「亨利克，你為什麼一直看著窗外？你應該去做點有用的事。」瑪莉莎不高興的說，她從一大早就心情不好。

「我想要去散步，去薩克森花園，看看那裡現在變成什麼樣子。」

「現在你只能說『我想要吃東西』。小孩和魚一樣沒有聲音[1]。你沒看到現在在下雨嗎？」

「我看到了，只是家裡很無聊……」

「所以我說，叫你去做點有用的事。」

亨利克不明白為何瑪莉莎這麼生氣，他明明就在做「有用的事」

1　Dzieci i ryby głosu nie mają，波蘭諺語，類似臺語的「囡仔人有耳無喙」，用來斥責小孩不要插嘴或亂說話。

啊？他看著窗外，想著窗的彼端正在發生什麼事。比如說，現在正在下雨，為什麼下雨？雨是從哪裡來的？為什麼天空會有這麼多水？太陽躲到哪裡去了？但是他不想讓保母更生氣，所以他什麼都沒說。

真正的男子漢

亨利克很膽小，他怕黑，也怕陌生人。母親總是說，不可以靠近陌生人，因為他們會把小孩賣給街上的流浪漢。父親補充，不可以拿陌生人給的東西，否則你的鼻子會掉下來；也不可以撿地上的東西，不然全身就會長滿醜陋的斑點和痘痘。亨利克不想讓鼻子掉下來，也不想長痘痘，所以他很怕……他每天都會照鏡子，看自己的鼻子還在不在。他也會檢查手腳，看身上有沒有長出醜陋的斑點。

有一次他偷拿了餅乾，被保母抓到了。

「神很生你的氣。」她嚴厲的說。

亨利克很怕生氣的神。

有一次他坐在椅子上，搖晃雙腳。

「如果一直晃腳，那就是在給魔鬼搖搖籃[2]。」瑪莉莎嚴肅的說。

亨利克聽了很害怕，因為他有一次聽保母說，魔鬼很可怕。

有一個晚上，爸媽都去看戲了。有一個穿著長靴、戴著帽子的人來找瑪莉莎。他坐在廚房，大聲說話。

「請您快點離開！」亨利克開始哭。

「你怎麼敢這麼說？」瑪莉莎生氣了，「馬上和這位先生說對不起，還要吻他的手[3]！」

「不要！不要！」亨利克尖叫。

2 這是波蘭的迷信，以前大人會用這句話來警告小孩，叫他們不要晃腳。

3 親吻別人的手，在波蘭是表達敬愛的動作，但在這個情境中是用來表示歉意。

「你不道歉的話，我們就把燈關掉，留你一個人在家。沒有頭的流浪漢會來找你，把你的耳朵割下來，再把你放在黑黑的袋子裡，然後……」

「對不起！對不起！」亨利克大叫，渾身顫抖的哭泣。

「是時候讓你成為一個真正的男子漢了，」父親說：「你得學會當個男人。走，和我一起去看戲。」

聖誕節到了，附近的孤兒院演出了一場耶穌誕生劇。哥德施密特一家雖然是猶太人，不會上教堂，但是約瑟夫先生希望亨利克也了解波蘭人的習俗，於是決定帶他去看看。

他們走在亨利克從沒去過的街道上。亨利克以前只認得從家裡到薩克森花園的路。

「你等著看，這是一齣很有趣的戲，裡面有希律王[4]和魔鬼。」

魔鬼……可是亨利克很怕魔鬼。

亨利克覺得演出的房間又長又擁擠。觀眾席已經沒有座位了，他們於是站著，亨利克拉著父親的手。

「孩子，去坐第一排吧。」一位女士說：「這樣你會看得更清楚。」

「但是我不想！我想要和爸爸一起！」亨利克開始哭，把父親的手握得更緊了。

「你這笨蛋，去坐前面。」約瑟夫先生生氣了。

神祕的女士牽起亨利克的手，讓他坐在舞臺前。亨利克渾身緊繃，害怕的坐著。突然，大幕升起，一些奇怪的、有翅膀的生物飛了出來。緊接著魔鬼出現了，牠全身黑色，有著長長的尾巴，頭上長著尖角，揮

4　希律王是在耶穌童年時期，控制整個猶太地區的君王。根據《新約聖經》記載，他會因聽說自己未來將被剛降生的耶穌取代，而下令殺害當地所有兩歲以下的男嬰，因此以獨裁暴君的形象流傳於猶太歷史中。

舞著叉子，邊笑邊叫：「過來！我馬上帶你下地獄！」亨利克全身發抖，閉上眼睛。

「爸爸在哪裡？」他想著，但是他不敢回頭看，於是絕望的抓著椅子的扶手，緊張的等待演出結束。最後大幕終於降下，大家拍手叫好，孩子們也站起來離開位置。

「怎麼樣，你喜歡嗎？」父親問：「你全身都是汗，我們現在去吃冰淇淋吧。」他微笑著，把大衣遞給亨利克。

外面正在下雪，颳著冷風，但是亨利克一點都不在意。他現在已經忘了恐懼，很驕傲的和父親一起在街上散步，就像個真正的男子漢。他甚至沒注意自己把圍巾忘在了孤兒院。

「我們男子漢一定要勇敢。」約瑟夫先生拍著兒子的背，不斷說著。

當他們晚上回到家，亨利克覺得很不舒服。他發燒了。

「得讓他上床睡覺。」母親說，狠狠瞪了丈夫一眼。

「不要把他養得那麼嬌弱，他很快就會好的。」約瑟夫先生揮揮手，要去找亨利克。

「別碰他！」齊西莉亞小姐尖叫：「你的手是冰的，你沒看到他發燒了嗎？」

約瑟夫先生什麼都沒說，只是走出了房間。但是他之後又打開門，在門邊看著亨利克，對他眨眼。

「我們男人啊，得管好這些女人。」父親臉上的表情好像在這麼說。

「好。」亨利克虛弱的笑了笑。父親的一切都讓他如此崇拜：他手上有毛，可以看得到突起的靜脈。他有名片，還有特製的、不會濺水的鋼筆。他會給手錶上發條[5]，而且總是知道轉幾次之後要停下。他戴著夾鼻眼鏡，眼鏡從來不會從鼻子上掉下來。亨利克甚至喜歡父親在書房裡抽雪茄，他的桌子有好多好多抽屜……

「真正的男子漢什麼都不怕。」亨利克驕傲的想，然後試著入睡。但是窗外有些奇怪的影子在動，亨利克覺得它們要進入他的房間，甚至爬上他的床……「該怎麼辦？」他拼命思考。

母親走進房間。

「你睡了嗎？」她輕輕問。

「還沒……」亨利克不想告訴母親，黑暗中躲著可怕的生物。

「睡吧，睡吧，我唱搖籃曲給你聽。」齊西莉亞小姐開始哼唱。

亨利克微笑。母親安靜、彷彿天鵝絨般柔軟的聲音，趕走了所有在窗戶彼端的奇怪生物。

5　以前的手錶需要靠轉緊發條彈簧，利用彈力來推動裡面的齒輪運轉。

黑暗的天空

在安娜和亨利克哀求了很久之後，約瑟夫先生終於同意讓他們在房間裡養一隻金絲雀。這隻金色的小鳥從早到晚都在唱歌，讓孩子們很開心。

但是有一天事情不太對勁，金絲雀變得無精打采，不想吃東西，也不唱歌了，就只是憂鬱的站在木棍上，微微搖晃。

「也許牠生病了？」亨利克說。

「但是牠生了什麼病？」安娜想著，然後給了牠更多飼料。

幾天後，亨利克看到金絲雀不像平常那樣站在木棍上，而是躺在籠子底部，兩腳朝天。

「快來看！」亨利克叫姊姊過來，問：「牠怎麼了？」

「翹辮子了。」一旁的保母冷冷的說。

「什麼是『翹辮子』？」亨利克驚惶的問。

「就是死了。」姊姊解釋。

「牠不會再唱歌了嗎？」

「牠什麼都不會做了，因為牠死了。」

「那現在怎麼辦？」

「我們得給牠舉行葬禮。首先，我們要找一個棺材。」安娜嚴肅的說，然後從抽屜裡拿出一個裝糖果的盒子，「這個應該可以吧，你覺得呢？」

亨利克只是點了點頭，因為他不知道應該要「覺得」些什麼，他是第一次遇到這種事。

「現在我們要在裡面鋪一些棉花，這樣就會很柔軟。好了，現在你可以把金絲雀放進去了。」

「我？」亨利克打了個冷顫，「為什麼是我？」

「因為棺材是我準備的啊。」安娜不耐煩的說。

「好啦……」亨利克不情願的說。他遲疑的把金絲雀拿在手裡，然後小心翼翼把牠放在棉花上。

「現在我們要去院子裡挖一個洞。」安娜繼續發號施令：「窗外有一棵栗子樹，我們就在那裡埋葬牠吧。」

於是他們去了院子，用鏟子挖了一個洞，把裝著金絲雀的箱子放進洞裡，然後用土埋起來。

「現在呢？」亨利克問。

「我不知道。」安娜說，然後放聲大哭。

「或許我們可以給牠立個十字架？」亨利克在墳墓上看過十字架，

他希望金絲雀也有一個。他開始找木棍來做十字架，這時家裡的女僕突然出現了。

「你們在這裡做什麼？」

「我們在給金絲雀舉行葬禮。」

「什麼葬禮？這是犯罪！鳥不是人，你們甚至不能為牠哭泣。」

「為什麼？」

「哪有什麼為什麼！」女僕生氣了，「因為就是這樣！」女僕說，然後就進屋子裡去了。

「你們不能給牠立十字架。」突然有一個聲音從孩子們背後傳來。

亨利克回頭，是門房的兒子。

「你們的金絲雀是猶太人。」

「為什麼？」

「就是這樣，牠是猶太人，沒什麼好說。你們也是猶太人。」

「那你呢？」

「我不是，我是波蘭人。」

「我們也是波蘭人！」安娜生氣大叫。

「才不是，你們是猶太人。我爸爸是這樣說的，他什麼都知道。」

「波蘭人和猶太人有什麼不一樣？」亨利克小聲問。

「我們信耶穌基督，死後我們會上天堂。而你們會去……你們應該不至於下地獄……」門房地兒子想了一下，說：「但是那裡會很黑，這我敢肯定。」他拍了拍胸膛保證。

亨利克臉色發白，他可是很害怕黑暗的房間呀。

改變世界的計畫

有一天，亨利克告訴外婆自己的計畫。

「外婆，我發明了改變世界的計畫。」

「哦？是嗎？是什麼樣的計畫？」

「每個人都需要錢，所以我們應該把錢丟掉，這樣就不會有髒兮兮、衣服破破爛爛、每天餓肚子、大人說不可以跟他們玩的孩子了。」

「嗯……真是有趣的主意。」外婆微笑著說：「錢被丟掉了，接下來呢？」

「世界上沒有錢，每個人就都一樣了，大人和小孩、有錢人和窮人、波蘭人和猶太人。」

「你怎麼會這樣想？我們本來就都一樣啊！」

「才不是！爸爸老是說，小孩和魚一樣沒有聲音。大人可以說話，愛說多少就說多少，而小孩就像魚一樣，只能安安靜靜。」

「那只是一句諺語，亨利克。」

亨利克沉思著。

「那為什麼我可以去薩克森花園，其他孩子不可以？為什麼我不能和他們玩？」

「你問了一個很困難的問題……亨利克，這世界就是這樣，我們大概無法改變它。」

「為什麼我們無法改變它？如果我們不改變，那誰要改變它？」

「亨利克，你對別人的貧困很敏感，這樣很好。但是我們真的無能為力。」

「外婆，你不認為最好的做法就是把錢丟掉嗎？」

孩子們！你們要有遠大、高尚的夢想，
然後要朝榮譽邁進。
你的夢想總有一部分會實現的。
——柯札克

「你真是堅持己見啊，我的哲學家！」外婆大笑，抱住了亨利克。

都玩得很高興

一年又來到盡頭了，彷彿是為了向過去道別，老天給了華沙好幾個大晴天。

「亨利克，走，我帶你出去玩。」約瑟夫先生說。

「去哪裡？」

「去維斯瓦河的另一邊。」

亨利克沒有問他們要在那裡做什麼，因為他猜到，父親八成要去找他住在河對岸那棟莊園別墅裡的朋友。他已經去過那裡了，那裡超級無聊。他必須在客廳坐一整天，大人命令他安靜，因為大人有重要的事要談。大人聊天、玩牌，而他的任務就是不要打擾他們。

「既然我會打擾他們，那我不在不是更好嗎？」亨利克沮喪的想。

「爸爸，我不想去……」他怯怯的說。

「叫你去你就去，沒得商量。等你長大，你才能決定你想或不想幹麼。」

他們必須坐木筏才能到河的對岸，上了船後他們發現，擺渡的船家認識約瑟夫先生。

「尊貴的先生，您好！」亨利克和父親上船時，船家大喊。

「怎麼那麼巧！」約瑟夫先生吃驚的說：「您在這裡做什麼？」

「我靠維斯瓦河過活，在這裡挖砂、捕魚、撐船載客或載貨。生活不容易啊……但是還過得去。」

「亨利克，不要靠那麼近，你會掉到水裡的！」約瑟夫先生突然對靠在木筏邊緣的亨利克大喊。

船家大笑。

「您家兒子就像我家的菲列克啊！如果您願意，可以來我家坐坐。我太太會煎魚給你們，是早上剛撈的。菲列克可以教您家孩子釣魚，他們會玩得很開心。」

「謝謝您的邀請，但是我們有約了。」

亨利克拉了拉父親的袖子，「爸爸，拜託，我們去這位先生家嘛。」

「亨利克，我跟你說過很多次，小孩和魚一樣沒有聲音，大人講話小孩不要插嘴。」

「我釣魚的時候，魚有時會和我說話呢。」船家給了亨利克一個心領神會的微笑，「我知道您趕時間，但吃條魚不會花很多時間的。」

「好吧。」約瑟夫先生擺了擺手，說：「我們就去一下子。」

就這樣，亨利克認識了船家的兒子菲列克，他們一握手就成了朋友。菲列克的手很大、很粗，但是很溫暖。他的黑色眼珠流露出開朗的神色，而他的一舉一動都很單純、友善。亨利克很驚訝，在這男孩住的河邊窮酸房子裡，竟然沒有任何高雅的家具，只有最普通、基本的用品。他也很訝異，菲列克沒有保母，而他的母親是自己打掃、洗衣、煮飯的，家裡沒有廚娘和女僕。

「跟我去河邊，」菲列克說：「我給你看超——級大的魚。」

「可是……就我們兩個？」對亨利克來說，這可是新鮮事。

「不然要跟誰？」菲列克大笑。

「我要問爸爸我可不可以去。」

「那就去問吧，只是要快，不然魚要溜走了！」

亨利克戰戰兢兢的走到父親身邊。

「亨利克，我們要走了。」亨利克還來不及開口，約瑟夫先生便說。

「爸爸，可是菲列克邀請我去河邊……」

「我們該走了，兒子。」

「或許您可以把兒子留在我們家？他可以和我們家兒子玩，他們會玩得很開心的……」

「嗯……我不想給您添麻煩。」

「哪有什麼麻煩！孩子們都大了，他們會照顧自己。」

「亨利克，你想要留下來嗎？」約瑟夫先生問兒子。

亨利克完全沒想到父親會問他這個問題——連作夢都沒有想過。

「我想！爸爸！」亨利克大叫。

「那就乖乖的，要有禮貌。我晚上來接你。」約瑟夫先生拍了拍兒子的背，和船家夫婦道別，然後就離去了。

這是亨利克第一次一個人留在陌生的地方。

「我們去河邊吧！」菲列克大喊。

維斯瓦河又深又湍急，而且充滿了生命力。裡面有各式各樣的魚：丁桂魚、鱸魚、黑鯽、小白魚……，河岸上還有青蛙跳來跳去，燕鷗、環頸鴴和色彩鮮豔的翠鳥穿梭在草叢間。

「你會打水漂嗎？」菲列克問，他剛好找到了一塊適合打水漂的石頭。

「不會……那是什麼？」

「我示範給你看。這很簡單，首先你必須找一塊平滑的石頭。」

「這個可以嗎？」亨利克從地上撿起一塊被河水沖刷成橢圓形的石頭。

「可以，現在你這樣丟。」菲列克用力一扔，而他的石頭輕巧的碰到水面，然後彈起來好幾次才落到水底。「你看到沒？它彈了五次！彈愈多次愈好。現在換你了。」

亨利克把石頭丟出去。他試著像菲列克那樣丟，但是石頭咚一聲掉到水裡，很快就沉入水底。

「沒有人第一次就能成功的。」菲列克對沮喪的亨利克微笑，「再試一次。我教你怎麼彎下身體，你要把右腳往前面跨。現在，丟！」

亨利克把石頭往前丟，石頭帶著一聲尖嘯飛出去，在水面上彈了好幾次才落入水中。

「八次！你贏了！你是天才！」菲列克又叫又跳，亨利克則難以置信，說不出話來。

在維斯瓦河畔的這一天，永遠烙印在了未來的柯札克醫師的心中，成為他童年最美好的回憶，而菲列克則成了他記憶中最好的朋友。

「菲列克，」他們從河邊回到屋子裡時，亨利克畏畏縮縮的問：「你覺得我們可以當朋友嗎？」

「我們已經是朋友了啊！」菲列克說。

「我和你不一樣，這件事不會讓你感到困擾嗎？你是波蘭人，而我是猶太人。」

「你和我今天都玩得很高興，我們哪有什麼不一樣？」

亨利克看著湛藍的天空笑了。

書法課

「你們寵他寵夠了沒有！」約瑟夫先生大吼：「應該要送亨利克去上學了，讓他體驗真實的人生！」

「但是他還小，」外婆說：「他才剛滿七歲。」

「也許他可以先請家教？不要這麼頑固嘛，約瑟夫。」齊西莉亞小姐試圖說服丈夫。

約瑟夫先生氣沖沖的在房間裡踱步。

「女人真是麻煩，她們會把這男孩養成媽寶。討論結束！」他重重一拍桌子，說：「亨利克要去上學！」

之後亨利克就開始了入學的準備。首先要買制服，然後是筆記簿、鉛筆、鋼筆的筆尖、放鋼筆的筆座。他開心的坐在文具店，瀏覽那裡所有的寶藏，把它們拿到手上看一看，甚至聞一聞。

「外婆，我等不及要上學了！學校會是什麼樣子呢？」亨利克問。

而艾蜜莉小姐沉默著，她知道，亨利克不會喜歡學校的，但是她不想破壞他的好心情。

「最糟糕的是要學俄文。」她嘆了一口氣，「這是什麼時代啊，孩子在學校竟然不能學自己的母語！」

這個時候，波蘭處於被俄國、奧匈帝國、普魯士瓜分的亡國狀態，而華沙是被俄國沙皇統治著。

開學前一天晚上，約瑟夫先生來到兒子的房間。

「親愛的，哭哭啼啼的時代結束了。」他說：「明天你的新生活就要開始了，會有更多訓練、懲罰、服從，還有最重要的是學習，也許你會從一個蠢蛋變成一個有用的人。」

亨利克睡不著覺，他的心因為喜悅而不斷砰砰跳。他會認識更多朋友！他會和他們一起學習、玩耍、奔跑、聊天！他從好久以前就夢想著這一刻，他會離開兒童的遊戲間，和保母、母親、父親、外婆道別，帶著裝滿鉛筆和筆記簿的書包上學去。然後呢？然後等著他的會是美好的一天，或許他會認識更多像菲列克一樣的男孩？

然而，現實和他想像的完全不同……

「外婆！」放學後，亨利克憂愁的告訴艾蜜莉小姐：「學校好可怕！我再也、再也不要回去那裡了。老師會用棍子打小孩，」他哽咽的說：「我好怕……」接著就哭了出來。

「告訴我發生了什麼事，一件一件說。」外婆試圖安撫亨利克。

「書法課[6]的老師打了一個男孩，我真的好害怕，因為我怕老師打

6 波蘭也有練寫字的書法課，不過是用鋼筆寫。

完他，就會來打我。我覺得好丟臉，外婆，真的好丟臉……」

「為什麼丟臉，亨利克？」

「因為老師把他的褲子脫下來打他，大家都看到他光屁股。第一排的一個男孩哈哈大笑，但是其他人都笑不出來。後來，大家叫那個大笑的男孩『馬屁精』。」

「只有書法課的老師這樣嗎？下課時怎麼樣？你有和同學玩嗎？」

「沒有，外婆，我怕。因為當孩子們開始玩鬼抓人，有個人絆倒了別人，老師就抓住那個人的耳朵，狠狠的擰，讓他痛到哭了出來。還有一位老師用長長的馬鞭打學生的背，另一位老師用尺打學生的手心……」

「學校就是這樣……看來，我必須和你父親談一談。」外婆點點頭說。

外婆去約瑟夫先生的書房找他，告訴他所有的一切。

「我就知道，我就知道！」聽到亨利克在學校不幸的一天，約瑟夫先生生氣的說：「我早就該料到的，這個愛哭鬼、媽寶、蠢蛋……」

「不要叫他蠢蛋！」艾蜜莉小姐把手杖重重往地上一敲，約瑟夫先生嚇得差點跳了起來。「那孩子很聰明，有一天他會成為偉人，你等著瞧。」她語帶威嚴的說。

「必須讓那孩子離開那學校，愈快愈好，要是他們毀了他，你那時才有解決不完的問題呢！」

約瑟夫先生沒想到岳母的反應竟然會這麼大。他目瞪口呆的站著，老實說，他不太知道現在該說什麼，才不會害自己失了權威。

「約瑟夫，我知道**你**一定會做出**聰明的**決定的。」岳母幫他接了話，「我了解你。」

「嗯……咳咳……好吧。」約瑟夫先生尷尬的摸了摸鬍子，說：「沒有人可以像訓練動物一樣訓練我兒子。」他終於說：「或是打他，之類的……我還有錢給他請家教。」他下了決定，「就讓他中學再去學校上課。」

疾病

安娜已經在女子學校上了好幾年的課，現在該是亨利克去上中學的時候了。

「外婆，軍隊裡的士兵八成都過得比我們還好。」亨利克告訴艾蜜莉小姐他對學校的看法：「學校把我們當成囚犯看，所有的一切都是俄文的！如果有人寫了波蘭文，就要受罰。」

「就是這樣……」外婆嘆氣，「這不自由的日子還要持續多久？」

「同學說，即使下課了也要小心，不能在街上說波蘭話，因為可能會有人偷聽，然後去告狀。而說波蘭話，可能會讓你被學校開除。」

「這時代就是這樣……」艾蜜莉小姐只是嘆氣。

除了社會的壓迫氛圍，哥德施密特家的氣氛也很低迷。母親經常在哭，外婆鬱鬱寡歡，而父親都不在家。

「外婆，爸爸怎麼了？」亨利克想要知道真相。

「他生病了。」

「他生了什麼病？」

「不知道，醫生還要檢查。」

「他會怎麼樣？他在哪裡？」

孩子並沒有比大人笨，
他們只是比較缺乏經驗。
—— 柯札克

「在醫院，他在那裡得到很好的照顧，亨利克。醫院會告訴我們接下來要怎麼做。」

「他很快就會回家嗎？」

「應該是吧……」

但是父親沒有回家，過了好幾天、好幾週、好幾個月，他依然在醫院裡。亨利克決定和母親一起去探望父親。

特沃克精神病院是一棟很大的白房子，亨利克第一眼看到這棟建築物時，就覺得它很恐怖。尤其是醫院的走道，有很多奇怪的人在那漫步，一邊自言自語。緊閉的門後傳來尖叫、呻吟和哀嚎，齊西莉亞小姐牽著兒子的手，亨利克感覺得到，母親的手在抖。

終於，他們來到了一個大房間，見到了約瑟夫先生。他坐在其中一張桌子旁邊，身邊的護士正在餵他吃某種褐色的食物泥。亨利克看著父親，但他第一眼卻沒認出來，那個總是活力充沛、堅定、令人無法預測的男人，現在看起來像是個嚇壞的孩子，他的眼神空洞，看不出任何情緒。他脖子下綁了一個餐巾，看起來就像是大型圍兜兜，而食物泥正從他的鬍子上滑下來。當齊西莉亞小姐和亨利克走近，約瑟夫先生的手突然揮了一下，揮到護士，她手中的湯匙因此掉了下來。

「噁！」護士生氣的對約瑟夫先生大叫，打了一下他的手。

「你這個壞男孩！你害我把食物灑到乾淨的圍裙上了！」

亨利克氣得發抖，大叫：「請不要碰我爸爸！他不是什麼男孩！爸爸，跟她說叫她走開！爸爸！」亨利克抓住父親的肩膀，但他卻似乎什麼都不明白，只是無助的看著亨利克，不斷揮手。

「亨利克，拜託，讓我們單獨相處。」齊西莉亞小姐輕聲說：「爸爸需要安靜。」

亨利克聽話的離開了醫院，他坐在醫院前花園裡的一張長椅上，心中充滿了恐懼。

巨變

亨利克無法接受父親的怪病。如果他得的是心臟病、肺病、腎臟病，或是腳出了毛病……那還很正常，但是精神疾病？

除此之外，他們家還有生計的問題要煩惱。約瑟夫先生現在不能工作了，律師事務所只好關閉。

「我們要怎麼過活？」齊西莉亞小姐憂心忡忡，「已經沒錢了……」

外婆什麼也沒說。已經有好一段時間，外婆都會偷偷把家裡值錢的東西，拿去古董店變賣。哥德施密特一家也開始搬家、換房子，每次換的房子都比上一次更小。起初，他們搬出蜂蜜街，搬到克拉辛斯基廣場上。但他們很快就發現，這棟房子太大、也太貴了，於是又搬到了更小的房子，在聖喬治街上。最後，他們搬到了萊施街上的小公寓，那裡已經沒有漂亮的家具，也沒有廚娘和僕人了。

「現在我們必須靠自己了。」齊西莉亞小姐嘆口氣說，然後努力負責做飯，然而，她會煮的菜並不多……

有一天，精神病院拍了一封電報來。亨利克去拿了電報，然後交給母親。一陣沉默後，齊西莉亞小姐念出了電報的內容：

「我們很遺憾的通知您，約瑟夫·哥德施密特先生在今晨過世了。請前來領取他的遺物和遺體。」

約瑟夫先生過世不久後，艾蜜莉小姐也過世了。一下子失去了父親和親愛的外婆，亨利克有很長一段時間都無法從傷痛中平復。

哥德施密特一家幾乎把所有值錢的東西都賣光，他們已經沒錢買最基本的生活用品了。這輩子從來沒工作過的齊西莉亞小姐，在當地的報紙上登了一則廣告：

房間出租，給就讀私人小學的、準備上中學的，或是準備讀職業學校的猶太學生。我會提供家教課程和良好的照顧。

齊西莉亞．哥德施密特，萊施街十八號，十號公寓。

「不瞞你們說，我很需要你們的幫助。」她告訴亨利克和安娜：「我會盡力照顧這些學生，但安娜，你必須幫我的忙。而亨利克，你要當這些學生的家教。」

新的生命階段來臨了。這時的亨利克還在上中學，但他下課後就要教住在他家的小孩念書，還要跑到其他地區的人家，去兼差家教課程。他疲累不堪，甚至沒時間和力氣溫習自己的功課，他在學校的成績因此一落千丈，最後甚至必須留級一年……

文學和醫學

亨利克一直在寫作，而他的第一篇幽默短文在《尖刺》雜誌刊出。之後，他會用「亨」、「利克」、「亨．利克」這些筆名固定發表文章。雖然收到的稿費不多，但在家裡，每一分錢都能派上用場。於是他大量寫作、發表，而他幽默的文筆深受讀者喜愛。另一家雜誌《大眾讀物》也來找他合作，寫關於作家、作曲家、音樂和繪畫的文化評論。

「或許你想當作家？」安娜問。高中畢業考快到了，亨利克必須選擇大學要讀什麼科系。

「寫作一直都可以寫，但我必須有一份正職工作。」亨利克說：「契訶夫也是一名醫生，但他以作家身分聞名。」

「所以你要讀醫學系？」

「對，我已經報名了。」

亨利克很快就入學、開始上課了。醫學院的課程中，他最感興趣的是小兒科，他想要當一個「治療孩子的醫生」。而且，當時的華沙確實也很缺小兒科醫師。

他依然在寫作。有一天，他在報紙上找到一則很有趣的啟事：鋼琴家伊格納奇·揚·帕德雷夫斯基舉辦了兩個比賽，一個是作曲比賽，另一個是文學比賽，獎金高達兩千盧布！寄到編輯部的作品要放在信封裡，信封上要寫作者的筆名。亨利克．哥德施密特決定試一試自己的能耐，於是寄了兩部劇本去，一部叫《去哪裡？》，另一部叫《一個普通的故事》。他還要給自己找一個合適的筆名，因為他覺得「亨．利克」太孩子氣了。他看了看書桌，桌上有一本克拉謝夫斯基的小說《關於雅那什．柯札克和美麗的梅齊尼科芙涅》。他微微一笑，在裝了《去哪裡？》的信封上寫「雅那什．柯札克」，而在裝了《一個普通的故事》的信封上則寫「雅努什」。他把兩個信封封好，寄到編輯部。

幾週之後，結果發布了。得到第一名的是路西安．雷德爾[7]，亨利克．哥德施密特的《去哪裡？》則得到了佳作。

「真有趣……」亨利克微笑著心想，「雅努什和雅那什．柯札克帶給了我好運……或許我可以把它們結合在一起？變成雅努什．柯札克。」他對自己低語：「聽起來是個好筆名……」

7 路西安．雷德爾（Lucjan Rydel，1870–1918），波蘭知名劇作家、詩人。

第二部

雅努什・柯札克

留著紅鬍子的學生

暖暖街一點都不暖，也不友善。那裡都是老舊的房子和黑暗的半地下室[1]，裡面住著最窮苦的華沙人。穿著破爛、無助的孩子被陌生人推來推去，又被親人毆打，他們得靠自己才能弄到一塊麵包或幾顆馬鈴薯果腹。

華沙慈善協會在這條街上蓋了一間免費的圖書館，叫「閱覽室」。每週六晚上、早在圖書館開門之前，會有一大群波蘭和猶太的男孩、女孩，在閱覽室的玄關、樓梯或是外面的街上翹首等待。到圖書館工作的都是來志願服務的學生，能夠提供書給從來沒有機會看書的孩子們，對他們來說意義重大。

現在正值冬天，沒有任何時候會讓「暖暖街」這個名字，更令人感

1 指房間地面比室外地平面還要低的地下住宅，通常只有窄小的窗戶露出。因為房間整體幾乎都在地下，採光、通風不良，居住起來並不舒適。

到諷刺了。冰冷的寒風讓孩子們的耳朵、鼻子、臉頰陣陣刺痛，風灌進他們單薄的衣裳，灌進他們破了洞的鞋子。孩子們搓著雙手、往手裡哈氣取暖，但沒有用，他們身上的衣服都太小、太短了，即使拼命扯著衣袖，想把它們拉長一點，還是徒勞無功。這凍人的疼痛真是難受。

這個週六，又有一大群孩子們在閱覽室外等待，其中一個金髮、綁著馬尾的年輕女孩緊張的看著手錶。

「已經六點了，他還沒到……」她自言自語。「我都不知道我現在是要開門，還是再等一下。」她邊想，邊看著那些站在窗外跺腳取暖的孩子們。

突然人群一陣騷動，孩子們大喊：「學生先生來了！」

「先生，您今天會給我們講新故事嗎？」

「您會給我們看漂亮的圖片嗎？」

「您會和我們玩矇眼抓人嗎？」

「您手裡拿什麼？」

「糖果，給那些有把書讀完、而且沒有把書弄壞的孩子們。好啦，別急，我馬上就開門，一個一個來。」柯札克安撫孩子。

「你終於來了！我本來還怕你不來了呢。你看看，今天這裡有多少孩子！」海蓮卡看到同事來了，鬆了一口氣。

「一直都這麼多。」學生先生微笑著說：「對不起，海蓮卡，沒辦法更早過來。醫院裡有個孩子病了，發高燒……我得照顧他。好啦，開門吧！你們可以進去了。」柯札克把門打開。

孩子們突然安靜了下來，怯怯的走到柯札克放書的桌子前。

「你喜歡這個故事嗎？」一個女孩把《沃沃迪耶夫斯基》[2]遞給柯札克時，他問。

2 *Pan Wolodyjowski*，波蘭諾貝爾文學獎得主亨利・顯克維奇（Henryk Sienkiewicz，1846–1916）寫的歷史小說，又名《星火燎原》（來自英譯書名 *Fire in the Steppe*）。

女孩只是點了點頭，然後眼巴巴的看著糖果。

「你讀完了嗎？」

女孩不確定的點了點頭。

「那你可以吃糖果。橘子口味的好嗎？」

這次女孩大力的點頭。

「誰是下一個？喔！史達謝克！你帶了一本書來，現在你想要下一本？海蓮卡，麻煩你找本書給這孩子，他剛讀完克拉謝夫斯基的《一個古老的故事》[3]。布涅克，我不能借你書，你得先把上一本還回來。你可以和小約瑟夫交換，他一定也還沒讀完自己那本。」

海蓮卡很吃驚，她的同事雅努什對這些孩子真有一套，他完全沒有提高音量，但這些孩子都很崇敬他、聽他的話。海蓮卡想，柯札克一定認識這裡的每一個孩子，而且對他們瞭若指掌——但有些孩子明明是第

3 *Stara Baśń*，波蘭作家約瑟夫・伊格內斯・克拉謝夫斯基（Józef Ignacy Kraszewski，1812–1887）寫的歷史小說。

一次來這裡呀。

「現在該來說故事了。」柯札克說，打開了《安徒生童話》，「今天我要說的故事是〈賣火柴的小女孩〉。我要開始了……『天氣很冷，大雪紛紛落下，四處愈來愈暗，夜晚就要降臨了。今天是今年的最後一天，而這一天也要來到終點了。在這冬夜，一個光腳的女孩走過積雪的街道，她沒戴帽子，圍裙裡包著一包東西。她為什麼沒穿鞋？這就是整個故事的重點』……」

孩子們圍著柯札克，坐在地板上，他們張大嘴，眼睛發著光，臉上充滿了同理之情。他們完全明白，當那個小女孩發現沒人要買她的火柴，她會有什麼樣的感覺；他們知道，什麼是止不住的飢餓和寒冷帶來的疼痛；他們也知道在一群吃飽喝足、自私自利的人們之間，女孩會感到多麼孤單。他們了解這種生活……也信任那個留著紅鬍子的奇怪學生，相信出於某些原因，這個學生在乎他們的命運。他們於是告訴他關於自己的事、去哪裡乞討最好，還有要給大人多少錢，才不會挨打。

「如果你們反抗，不讓大人拿走你們的錢呢？那時候會怎樣？」柯札克問。

「那樣的話我們就不能回家，得去旅館……」

「旅館？」柯札克訝異的問：「那是哪裡？」

「嗯，就是薩克森花園的下水道，我們叫它『歐洲旅館』，因為那裡很舒服，雖然很濕，還有很多老鼠。另外一個旅館在烏亞茲德醫院的水溝，那裡風很大，但是很安靜，沒人打擾。第三個旅館叫『火爐邊』，就是磚廠的火爐邊，冬天在那裡很好，但夏天就熱得讓人受不了。」

「我沒辦法接受這種事。」等到閱覽室關閉，柯札克對海蓮卡說：「孩子就像大人一樣，也是人！只是更無助、更脆弱。大人怎麼能這樣利用他們？」他生氣的說：「得做點什麼！」

「你已經做得夠多了啊。很快，你就能醫治這些孩子了。」

「今天我在醫院念故事給那個生病的孩子聽，」柯札克看著海蓮卡說：「這是我唯一能為他做的。當我握住他瘦弱的小手，摸著他滾燙的額頭，我想著，醫學也是有侷限的，藥物也不一定能幫上忙……有時候只剩下話語，有時候連話語都沒用，那時候我們能做的只是陪著孩子，和他們在一起……」

夏令營

夏天來了，柯札克已經從醫學院畢業，打算去找份暑期的打工。不久，他夢寐以求的機會來了。華沙夏令營協會正在找輔導員，準備舉辦夏令營，讓最窮、最缺乏照顧的猶太孩子參加。

柯札克於是去了協會的辦公室，簽了合約，並拿到一包工作用的裝備。後來他在火車站左顧右盼，打量著等待參加夏令營的孩子們。

「真有趣——」他想，「雖然都是窮苦的孩子，但每個人都是獨特的。有些孩子洗了澡，穿著乾淨的衣服，臉上掛著笑容；有些孩子髒兮兮的，很邋遢……有些孩子講話很大聲，愉快且大膽的四處張望；有些則膽怯的黏著母親；有些孩子是家人帶來的，家人還有給他們準備餅乾在路上吃；而有些是自己一個人來的，也沒人給他們準備餅乾……」

火車還有一個小時就要開了，孩子們和家人道別，終於，他們慌忙推擠，在一片混亂中坐上了火車。最後，火車開了。

「我的帽子不見了！」一個男孩哭叫。

「也許你爸爸收起來了，你回去就會看到了。」柯札克試圖安慰他。

「總是有人會掉帽子，」一個經驗老道的輔導員對柯札克微笑，「這已經成了我們夏令營的傳統！」

到了目的地，所有的推擠、尖叫、混亂又重來一遍。在車站，已經有十二輛馬車等著，要接孩子們到營地。

「上車的時候小心點！小心你們的腳！」柯札克大喊，試著安撫他的小隊，「你們看到了嗎？太陽在歡迎你們。謝謝你，太陽，還有森林，還有歡樂的草地！」

「老師，還要多久才會到？」

「我們馬上就到了。你們看到那塊空地和上面的小屋了嗎？那就是我們的『米豪家旅館』。」

「萬歲！」

到了旅館，孩子們每人要先喝完一杯牛奶，然後他們才有機會四處探索。這裡所有的一切都令他們驚奇——比如晚上要洗腳，每個人自己睡一張床（而且窗戶是打開的），早上要刷牙和洗耳朵，午餐則是奇怪的、綠色的湯。在第一個晚上，一個孩子哇哇大哭。

「我想回家！」

「他為什麼想回家？也許他餓了？」柯札克想，「不，不是餓了。也許他覺得冷？不，他不冷。也許他不敢一個人睡？不，也不是。還是因為在家裡有媽媽……」

「嗯，好吧，你明天就可以回家。但今天是安息日[4]，現在該去睡覺了。」柯札克說。男孩安靜了下來，微笑了。他是第一個睡著的。

隔天，孩子們就開始吵架了。

「老師，他推我！」

「老師，他踢我！」

「老師，他不讓我坐下！」

「老師，他朝我的湯吹氣！」

「老師，他朝我的耳朵吐口水！」

「夠了，親愛的！我們這麼做吧。」柯札克讓孩子們安靜下來，「我們來開庭審判，很公平的。我們來看看每個人的案子，每個人都可以把任何人告上法庭，即使是老師。要告自己也可以。」

4 猶太教每週的休假日，從週五日落到週六日落，這段時間不能工作，交通工具也停駛。

「喔喔喔！」孩子們大聲驚呼：「但誰要當法官？」

「我建議你們選出三位法官，我當書記，把大家說的話寫下來。」

「好，那我要第一個告狀。」伊采克舉起手。

「小約瑟夫用石頭丟我的腳，我要告他。」

「那我們就來審訊。」柯札克回答：「小約瑟夫，你有用石頭丟伊采克嗎？」

「沒有。」

「說謊！其他的孩子都看到我摸著腳喊痛！」

「你才說謊！我沒有丟石頭！」

「伊采克有沒有摸著腳說好痛？」柯札克問。

「有。」小約瑟夫低下頭。

「為什麼？」

「因為他用石頭丟我！」伊采克大吼。

「不是石頭！」小約瑟夫哭了。

「那是什麼？」柯札克問。

「只是松果。」小約瑟夫啜泣。

「為什麼？」

「因為我手上松果太多，我不知道要拿它們怎麼辦……」

「松果裡面沒有石頭嗎？」

「我不知道……」

由於小約瑟夫年紀還小，法庭只要求小約瑟夫向伊采克道歉。

從此，法庭每天會處理三、四個案件。柯札克是書記也是辯護律師，有時他也會對某人提出告訴……像現在，小阿伯拉罕和小海因馬坐在被告席，因為他們去散步，走得離營地太遠，於是在早餐時遲到了。

「被告難道不知道，他們不能擅自離開營地？不能這樣做的原因，是因為他們可能會迷路、淹死在河裡、被牛頂到或是被狗咬。」柯札克用檢察官的口氣說。

「我們……我們不想這樣的，我們只是去採花。」孩子們小聲說。

「庭上！」柯札克繼續：「這兩個男孩是犯了錯，必須處罰他們。但是……他們是去採花。村子裡可以採花，這讓他們很開心，開心到忘了吃飯。華沙的花很少，所以……所以我們也許可以原諒他們？」

法庭討論了一下，最後決定原諒小阿伯拉罕和小海因馬。

晚上寢室很吵，孩子們不斷喧嘩。早上，每個人都要在法庭前自首，誰在晚上大吼、吹口哨、學雞叫、學狗叫、拍手和跺腳。大家都不承認，只有兩個被柯札克當場抓住的男孩低頭站著。

「庭上，我們該如何處罰他們？」柯札克問。

「我們要狠狠的處罰他們！」法官說。

「在我們量刑之前，我們得問一個問題：昨天晚上只有他們兩個在吵嗎？不，吵鬧的不只他們兩人。為什麼只有他們被逮住？因為他們不會躲。為什麼其他人都躲好了，就只有他們兩個不會躲？因為他們不是經驗老道的頑皮鬼，或者他們不知道在寢室大吼大叫是被嚴格禁止的。當另一群人犯了更嚴重的錯，卻聰明的在法庭上說謊、逃過懲罰，這樣，我們可以處罰這兩個犯了小錯的孩子嗎？」

法庭裡一片寂靜。

「我建議，讓這兩個孩子無罪釋放，但要懲罰整個小隊，今天晚上我們不會念故事。現在，請庭上開始討論吧。」

大家討論了很久，過程也很激烈。最後法庭決定判兩個男孩無罪，而只要大家不會再吵鬧，就可以繼續聽故事。

然後大家真的遵守了約定。

回家

柯札克在「米豪家旅館」的陽臺上，寫道：

富特克維奇手裡拿著蝸牛，在他身邊圍了二十個男孩，他們都很安靜，甚至不敢呼吸。因為富特克維奇說，蝸牛一定會把觸角伸出來，只是孩子們要非常安靜，不然魔法就沒用了。

蝸牛真的把觸角伸了出來，那真是不可思議的一幕。

小亞當斯基用帽子殺了一隻熊蜂，好像是因為熊蜂追逐著小亞當斯基，八成是想要吃了他。小亞當斯基拔腿就跑，熊蜂緊追不捨。小亞當斯基脫下帽子，用力用帽子打熊蜂，熊蜂落在草地上，死了。孩子們向小亞當斯基道賀，恭喜他的勝利，好奇的看著死去的動物。

柯札克停筆，看著奔跑的孩子們微笑。

「已經過了三週。」他想，「時間過得好快。」

吃完午餐，柯札克召集孩子們在草地上開會。

「我們的夏令營就要結束了。」他說：「現在該打分數了。」

「什麼？」男孩們大叫：「您要給我們打分數嗎？就像在學校一樣？」

「不，你們要給自己打分數。」

「怎麼打？」

「就這樣打，每個人自己說他應該得到幾分，因為每個人最清楚自己的行為。恰涅斯基，你覺得你應該要得到幾分呢？」

「我不知道，因為我在陽臺屋頂上奔跑。」

「還有呢？」

「如果我在湯裡面找到胡椒粒，我會舔一舔，然後丟到伊采克的湯裡。」

「還有呢？」

「我把牛奶倒在桌子上，因為我想讓桌子也喝牛奶。」

「嗯……那你覺得你應該要得幾分？」

「應該是四分吧……」小孩小聲說。

「不！他會改進的！」男孩們大叫：「他很好，就讓他得五分吧！他接下來會很乖的！」

「你會改進嗎？」柯札克問。

「會，我答應接下來我會很乖。」

「那你得五分。」

「萬歲！」

接下來一整天，這男孩都像天使一樣乖巧。

「希望他不會因為太乖而生病。」柯札克微笑，看著那不快樂的小搗蛋鬼。他正安安靜靜坐著，一點都不像他自己，憂鬱的看著遠方。

晚上，恰涅斯基來找柯札克，他看起來很難過。

「老師……我不想要五分了。」

「為什麼？」

「因為我覺得好無聊。」

「那就給你四分？」

「好！」男孩展開大大的笑臉，「四分很棒！」隔天，他就和朋友打架了。

夏令營來到尾聲了，最後一晚，柯札克把假期的紀念品蒐集起來，整理好他和孩子們在夏令營期間一起編的報紙，然後在自己的房間坐了一會兒。他想著，和這些孩子相處這幾週帶給他的收穫，比他之前人生的收穫加起來還要多。

「他們也教育了我。」他微笑著想，「老師也需要教育，如果有人覺得大人受過教育、有經驗，所以知道的比孩子多，那他就錯了。孩子們有著很深的智慧。」他沉思了一陣，溫柔的把紀念品打開、閱讀、仔細端詳，然後在筆記本中振筆疾書。

「我必須把這一切寫成書。」他想，他已經準備好要寫下第一份草稿。這時候，有人敲門。

「請進！」

一個男孩走了進來。

「老師，可以說最後一個故事給我們聽嗎？」

柯札克笑了，「我馬上來。」

孩子們坐在柯札克身邊，全神貫注的看著他。

「在這最後一刻，要和他們說什麼呢？」柯札克想了一會兒。

「也許我們不回華沙？」他開始說：「也許我們會排好隊，拿起一面旗子，邊走邊唱歌，然後上路？」

「去哪裡？」

「去找太陽。那必須走很遠，但有什麼關係？我們會走很久、很久，一直走，一直走，一直走……」

「然後呢？」孩子們不耐煩的問。

這時候鈴響了，要孩子們去吃最後一頓晚餐，故事沒有說完。明天，他們就要回華沙了。

柯札克醫師

「恭喜，您現在是一位醫師了。」教授把醫學院的畢業證書交給柯札克。

「接下來要做什麼？」柯札克想。這時的他，已經是一名很有名氣的成功作家，幫好幾本雜誌寫過稿。

「兒童猶太醫院需要一位醫師，您有興趣嗎？」醫療主任問。

「當然！」柯札克開心的說。他想，時間過得真快，他當醫師和作家的夢想都實現了……

「外婆一定會為我高興的。」他對自己微笑，「而爸爸會為我感到驕傲。我得去探望媽媽和安娜，告訴她們這一切！」

柯札克在滑溜街的醫院工作得很愉快，而且因為他是個誠實又有良心的醫師，他很快便聲名遠播。孩子們的母親都說，柯札克醫師不分晝夜都會去看病，如果病人很窮，他甚至不收費。人們喜歡找他，柯札克也到處去給病人看診、檢查、治療，學習如何餵食病人、幫他們秤重，以及最重要的——如何愛，因為這是他最關切的。

「如何愛孩子？」他不斷思考，「這是最重要的問題。大人們很容易就對孩子疏於照顧，要不然就是太過寵溺。人們要不是把孩子當成一個還沒有受過教育、未來才會真正長大成人的人，不然就是把孩子捧上天，捧得和神一樣，什麼都給他。我們必須有智慧的愛孩子，這是所有事物的關鍵。」

在此同時，日俄戰爭正在持續，在俄國統治下，波蘭人也被迫加入戰爭，尤其是醫師。柯札克就這樣被徵召入伍，和其他軍官一起乘坐火車，從華沙來到莫斯科，然後又坐西伯利亞鐵路到了滿州。他被分派到醫療火車上工作，這間流動醫院在伊爾庫次克和哈爾濱之間往返，它會在各站停留，而柯札克醫師會在那裡治療受傷和生病的士兵。

重傷或重病的士兵會被帶到醫療火車上，柯札克醫師會盡力救治他們。當這些士兵因為疼痛或過度虛弱而哀嚎哭泣，而柯札克卻無法為他們做什麼時，他會講故事給他們聽。他注意到，士兵們會像孩子一樣聆聽他說故事。

「這裡什麼都缺。」他在給母親的信上如此寫道：「沒有藥品，沒有包紮傷口的紗布，沒有醫療器材或消毒用品。三不五時就爆發疾病大流行——斑疹傷寒、痢疾或其他傳染病。我不知道要怎麼幫助這些人。」

一年過去了，戰爭終於結束。一九〇六年，雅努什．柯札克回到華沙，他第一個去的地方，就是滑溜街上的醫院。那年，他二十八歲。

漿洗街92號

醫院的夜班超乎預期的寧靜，孩子們睡在自己的床上，平穩規律的呼吸。柯札克身穿白袍，彎腰坐在桌子前振筆疾書。醫師的辦公室和病房之間隔著一片玻璃，他會不時停下筆，看著窗戶彼端的病人們。

「這會是個夢想中的所在。」他對自己低語：「這會是一間很棒的、給孩子的學校，他們不會在那裡學英文字母，而是學習如何生活，還有為什麼要這樣生活。」他開始描繪校舍，「這棟學校會在維斯瓦河畔，在有陽光的地方，在草地之間。寢室明亮通風，餐廳很寬敞，甚至會有游泳池讓孩子們游泳。我們不會有教室，只有工坊、實驗室、圖書館、音樂廳、劇院、畫廊。」

「在這裡，孩子們會長成自由的人，尊重其他人。」柯札克寫道。

「我打擾到你了嗎？」艾略斯伯格醫師[5]走進辦公室，「我看到，我們可敬的同事在寫作，而我想和您說幾句話。」

「不，一點都不會打擾。請進，請進。」柯札克站起來，拉開椅子，「您知道，我剛從柏林實習回來，我在那裡看過許多兒童醫院，我現在只是在寫下自己的夢想……」

「我也是為了夢想來找你的……」艾略斯伯格醫師微微一笑，「事

5 以薩・艾略斯伯格（Izaak Eliasberg，1860–1929），波蘭醫師，當時孤兒救助協會的會長，也是「孤兒之家」的推手。是柯札克的好友，也是柯札克心目中的導師。

情是這樣的，在荒野街上有一間孤兒院。」

「是嗎？」柯札克興致勃勃的問。

「如果您看到那裡，您一定不敢相信世界上還有這樣的地方！那條街真的很落後，孤兒院的衛生條件也很糟糕，床沒有床單，床底下還有積水。沒有肥皂也沒有毛巾，孩子們又餓又野。那裡有蝨子、疥蟲、各式各樣的疾病，孤兒院的負責人根本不管孩子們的死活。」

「可憐的孩子們。」柯札克沉思。

「對啊，所以我和我太太就想，由我們來照顧這群孩子。我們在聖方濟街上找了一個臨時的地方，然後還找到一位好老師……史蒂芬妮．維琴絲卡小姐[6]。但是那棟樓很暗，而且有長壁癌，所以我們正在尋找別的地方。還有，我們需要有人幫忙，需要有人抱著愛心經營這個地方，給這些孩子們一個真正的家……」

6 史蒂芬妮．維琴絲卡(Stefania Wilczyńska，1886–1942) 猶太／波蘭教育家，在比利時和瑞士完成學業後，回到華沙，和柯札克一起經營「孤兒之家」長達三十年。

「有多少個孩子？」

「目前有五十個。」

「嗯，是個大家庭。」柯札克微笑。

「史蒂芬妮小姐和這些孩子準備了一場詩歌之夜，我在想，也許能邀請您一起來？」

「詩歌之夜？」柯札克大笑：「好啊，我很樂意去。什麼時候？」

「太好了！明天晚上六點。」

隔天，就像他承諾的一樣，柯札克出現在聖方濟街上的孤兒院，他走進房間，站在門邊。頭髮理得很短的孩子們走上簡陋的舞臺，用顫抖的聲音念出他們準備了好幾週的、瑪麗亞・科諾普尼茨卡[7]的詩作。當有人念錯或忘詞，一個溫柔的黑髮女人會輕聲提醒，而每個孩子們表演完，就會跑到這女人身邊，把頭埋進她的裙子。

7 瑪麗亞・科諾普尼茨卡(Maria Konopnicka，1842–1910)，波蘭實證主義小說家、詩人，積極爭取波蘭獨立和女性權利。

柯札克看著這一切，止不住眼裡的淚水。

「真是奇蹟，即使沒有血緣關係，但她就像是這些孩子的母親。」表演結束後，柯札克向史蒂芬妮小姐道賀，說她和孩子們準備的表演很成功。他欣賞她對待孩子時，平靜、克制、輕柔、溫暖，但同時又很堅定。他們談了許久，「我找到了靈魂的伴侶。」柯札克想，看著圍在史蒂芬妮小姐身邊的孩子們。

史蒂芬妮小姐也很欣賞柯札克。當柯札克開始說故事，孩子們都像著了魔一樣專心聽著。這位溫柔、年輕的醫師微笑著，用充滿愛意的藍眼睛看著孩子，這立刻吸引了她的目光。

「我找到了靈魂的伴侶。」她想，一邊看著柯札克和孩子們玩矇眼抓人，他看起來就像是個留著鬍子、戴著眼鏡的大男孩。

不久後，柯札克為了獲得更多醫學知識，去巴黎深造。他也去了倫敦，參觀那裡的育幼院。在此同時，一所孤兒院在華沙成立了。猶太孤兒救助協會（成員包括名醫、工程師、律師、商人）湊了一筆錢，打造了一間符合兒童需求的孤兒院。這間孤兒院在一九一二年十月七日，開始收容第一批孤兒，然後在一九一三年二月二十七日正式營運。當柯札克醫師回到華沙，他辭去了醫院的工作，搬進漿洗街[8]九十二號的孤兒院，和孩子們住在一起。

兒童法庭

「孤兒之家」很漂亮，從漿洗街九十二號走進去，穿過大門，馬上就會看到一座中庭。那裡很大，陽光充足，孩子可以在那裡跳房子、跳

8　ul. Krochmalna，也譯為「克羅赫曼納街」。

繩、騎腳踏車、跑步、玩躲貓貓。天氣好的時候，孩子們也會在那裡玩娃娃屋和玩球。柯札克醫師最喜歡的長椅，位於一棵枝葉扶疏的樹下，他常常坐在那裡看著孩子們玩耍。在「孤兒之家」的一樓，有一個很大、挑高兩層樓的餐廳，樓中樓還有一個給孩子的遊戲間，可以從旋轉門進入。旁邊則是三間教室和辦公室。

離樓梯不遠，有一個小噴泉叫「泉源」，孩子可以直接從那裡喝水，不必用杯子。噴泉旁則掛著一個時鐘。

三樓有兩間大寢室，一間給女孩，一間給男孩。而在兩間寢室之間，則有一個小房間，裡面有窗戶，可以同時看到兩間寢室。這是給守夜的老師休息用的，柯札克醫師就住在這間房間，而史蒂芬妮小姐則住在另一間房間，在女孩的寢室隔壁。女管家、守衛和廚娘住在大門旁邊另外的小房子裡。大廚房、倉庫、洗衣間、熨衣間、鍋爐室、衣帽間、有浴缸的浴室和淋浴間，則位於半地下室。在樓梯下方的衣帽間，有一個角落放了一張矮矮的長椅，這個角落被稱為「整潔、亮晶晶和優雅的角落」，因為柯札克醫師會在這裡教孩子怎麼擦皮鞋。

「不能再這樣子下去……」史蒂芬妮小姐有一天憂心忡忡的對柯札克醫師說：「孩子們把所有的一切都弄壞了，必須想個辦法。」她淚眼汪汪的說：「他們一點都不聽話。他們把東西弄壞、弄髒，還會亂打亂敲，而當我問：『是誰弄壞的？』他們則說：『我不知道。』醫師先生，我真的不知道怎麼辦。」

柯札克醫師試圖安慰史蒂芬妮小姐，但他自己也很訝異，孩子們怎麼會有這樣的舉動？

「別擔心。」他說：「對他們來說這一切都還很陌生，他們只是還不適應新環境。」

「好吧，但是我覺得他們身上有某種憤怒，我們要讓他們把這棟好不容易蓋好的『孤兒之家』搗毀嗎？」

「不，當然不能，只是我們要慢慢來——」醫師笑著說：「而且要用對方法。」

「方法？您說的方法是什麼？」史蒂芬妮小姐不解的問：「畢竟我們約好了，我們不會懲罰孩子。」

「永遠不會！」醫師激動的說：「懲罰只會帶來反效果。」

「那麼要如何讓孩子遵守規定？」

「我的想法是這樣的：如果大人告訴孩子，他的行為不對，這不會有什麼效果，因為孩子只會覺得大人在找他的麻煩，或是不明白他的需求。但只要孩子會評斷自己的行為，我們就達到了目的。孩子也會觀察同伴的行為，就像在看鏡子，同伴的觀感對他們來說是最重要的。」

「所以您打算怎麼做？」

「我們會開設一個法庭，孩子和老師會一同擔任法官。每個人都可以因為任何理由把任何人告上法庭，孩子有權利把自己的朋友或老師告上法庭，大人也一樣。」

「這主意聽起來很有趣。」史蒂芬妮小姐沉思，「但是實際上要怎麼進行？」

「我們先訂定法條和細則，然後我們會來舉辦兒童法庭。您知道，我認為孩子的事情應該被認真嚴肅看待，而每個孩子也都有權利享有公平正義。直到目前為止，所有的一切都取決於老師的善意，還要看老師心情好不好，但孩子是有權利受尊重、有權利被公平對待的啊。」[9]

9 出自《如何愛孩子》，雅努什·柯札克／文，林蔚昀／譯，心靈工坊出版，二〇一六年。

案件和法條

第二天，柯札克醫師給史蒂芬妮小姐看他寫下的法條：

同伴法庭的法條

如果有人做了壞事，最好原諒他。如果他做壞事，是因為不知道不可以這樣，那他現在已經知道了。如果他是不小心，那就讓他以後小心點。如果他是因為無法習慣這裡的規定，那他以後就會更加努力適應。如果他是因為有人叫他去做壞事而做的，那他以後就不會再聽這些人的話。

如果有人做了壞事，最好原諒他，然後等待他改善自己的行為。

但是法庭必須保護那些安靜的孩子，不讓強勢的人去欺負他們；法庭必須保護負責、勤勞的孩子，不讓不負責任、懶惰的孩子干擾他們；法庭必須維持秩序，因為混亂會讓善良、安靜、負責的孩子受到傷害。

法庭不是正義，但它應該追求正義；法庭不是真相，但它渴望真相。

法官也可能會犯錯。法官可以因為某個人犯錯而懲罰他，雖然那些錯是他自己也會犯下的，那法官就可以說，這件事是不對的，雖然他自己也會這麼做。

然而，如果法官故意做出虛偽的判決，那就是下流的行為。[10]

「您覺得怎麼樣？」

「很好，但是在實際執行上，孩子要怎麼把另一個人告上法庭？」

「我們會準備一個特別的筆記本，某位老師會負責登記，每個孩子

10 出自《如何愛孩子》，雅努什・柯札克／文，林蔚昀／譯，心靈工坊出版，二〇一六年。

都可以來跟老師說，他要把誰告上法庭。老師，也就是法庭的書記，會寫下被告的名字，還會記下自白，孩子可以用講的或寫的。」

「可是誰要當書記呢？」史蒂芬妮小姐疑惑的問。

「我很樂意當書記，我之前在夏令營已經做過這樣的工作，學到了很多。」柯札克醫師微笑。

「嗯，好吧。但是法庭要什麼時候開庭？」

「我覺得最好是一週一次。」

「所以，您會當法官？」

「喔不！才不會！」柯札克激烈反對，「法官要輪流抽籤換人當，由孩子們自己當法官。」

「這樣會一團亂的！」史蒂芬妮小姐尖叫：「要是由最調皮搗蛋的傢伙當上法官，他會把這個家搞得天翻地覆！」

「不一定。」醫師微笑著說：「我們得在法條中寫清楚，只有在那一週沒有犯案的人，才能當法官……」

「哈！這真是個好主意。」史蒂芬妮小姐欣賞的看著柯札克醫師，「那法條呢？您都準備好了嗎？」

「我正在寫。」醫師看了看筆記本，說：「我目前只寫了法庭會審理哪些案件：第一，法庭會審理擾亂秩序的案件，比如說遲到、大吵大鬧、干擾別人、不把東西放好、亂丟垃圾、欺負別人、把家裡弄髒、去不該去的地方、和人吵架或打架。第二種案件是沒有盡好自己的義務，也就是不好好學習或工作，或是做得隨隨便便的。第三種案件是和別人起衝突，比如欺負比自己年幼的孩子、聰明的孩子嘲笑比較愚笨的孩子、個性隨和的孩子故意去挑釁愛吵架的孩子，或者開朗的孩子嘲笑憂鬱的孩子。第四種案件則是侵犯別人的東西，包括弄破、弄壞或弄丟。

第五種案件則是威脅別人的生命健康或安全，比如把別人打個半死、傷害他、讓他不能睡覺、偷他的食物、在他洗澡時干擾他。我覺得還有一種案件是屬於『不知道是誰做的、不知道是怎麼做的』這一類，畢竟有些壞事，是大家都不想承認的。」

「那這時候怎麼辦？」史蒂芬妮小姐問。

「如果發生了壞事，但我們不知道是誰做的，就把『無名氏』告上法庭。我們會審理案件，法官會做出判決，判決書會被貼在公布欄。」

「我必須說，您設想得很周到。」史蒂芬妮小姐稱讚柯札克醫師：「現在我很好奇條文的內容。」

很快，她的好奇心就得到了滿足。

「前面九十九條條文，都會宣布被告無罪。」

「怎麼會？」史蒂芬妮小姐吃驚的問。

「就是會。因為可能會有人搞錯，或原告撤告、法庭認為控告沒有意義，又或是法庭覺得被告無罪。」

「好吧，那九十九條之後的條文呢？」

「之後的條文會說，被告有罪，但我們會原諒他。」

「有沒有一些條文會說，被告會被懲罰？」史蒂芬妮小姐不耐煩的說。

「我之前告訴過您，我們不會懲罰孩子。但當然，做了壞事一定要承擔後果，比如，條文第兩百條會說：『被告這樣做是不對的。』」

「晚說總比沒說好。」史蒂芬妮小姐嘟囔：「然後呢？」

「條文第三百條會說：『被告這樣做很糟。』這時法庭會請他不要再這樣做。條文第四百條是很重的罪，它會說：『被告這樣做非常糟糕。』這是最後一次機會、最後一個警告。」

「警告什麼？」

「警告他接下來的條文，因為條文第五百條會說：『如果有人犯了這個罪，那代表他不尊重自己也不尊重我們，因此，我們也無法原諒他。』被告的判決和他的姓名，會被公布在公布欄。條文第六百條會說，被告的姓名會被掛在公布欄一週。如果有人犯了條文第七百條，我們就會通知他的家人，因為這表示我們也許得把他送回家。第八百條會說：『法庭無法提供被告任何協助，我們會給他最後一週的時間思考。』第九百條會說：『我們失去了希望，我們不再相信被告，我們不想和他有任何瓜葛，我們要把他逐出這個家。』」

「終於。」史蒂芬妮小姐嘆了一口氣。

「但還是有機會的。」柯札克微微一笑，「如果某個孩子或老師，願意承諾會輔導被告，法庭就會緩刑。但是輔導員必須完全為這孩子負起責任，如果真的是個無可救藥的調皮鬼，那我們還是會把他送走的。」

「這一切都很冒險……」史蒂芬妮小姐有點擔心醫師的這些教育實驗，但她是個很有經驗的老師，在這些實驗中也看出了意義，「但我認為，是有可能成功的。」她說。

「就讓我們看看這些法條，在現實生活中運作得怎麼樣吧。」柯札克微笑著說。

法庭開庭的第一週，老師們在公布欄貼了一張這樣的告示：「昨天遲到的人，請自己把自己告上法庭。」

十三個孩子把自己告上法庭。

幾天後，公布欄上又出現了另一張告示：「昨天沒有向老師報告就出去的人，請把自己告上法庭。」

六個孩子把自己告上法庭。

幾天後，一張新的告示出現：「昨晚在寢室大吵大鬧的人，請把自己告上法庭。」

十五個孩子把自己告上法庭。

孩子們也會互相控告。擔任法庭書記的柯札克，會把所有的案件都寫下：

他爬到樹上，只是為了讓朋友看到他會爬樹。他把自己告上法庭，因為他知道自己不能這麼做。法條第九十條。

他在衣帽間洗碗，但他不知道不可以這麼做。當他知道這樣不可以，他把自己告上法庭。法條第五十一條。

他在大家還沒睡醒時吵鬧。他把自己告上法庭，法庭原諒他，但請他不要再這麼做。法條第三十二條。[11]

就這樣，在第一週，兒童法庭就受理了幾十個案件。法庭仔細審理了這些案件，然後原諒了所有的被告。

灰色華沙的白房子

「昨天我發現，大部分的孩子都不知道如何使用廁所。」柯札克醫師對史蒂芬妮小姐說：「因為這是他們生平第一次看到抽水馬桶。」

「玫瑰半夜哭了，」史蒂芬妮小姐點點頭說：「她說她不想要這樣

11 出自《如何愛孩子》，雅努什·柯札克／文，林蔚昀／譯，心靈工坊出版，二〇一六年。

的床，因為上面只有她自己一個人睡。這些孩子已經習慣了好幾個人擠在一張床上……」

「所以您也看到了。我們必須慢慢讓他們習慣新家的一切，讓每個人在新家都有一些有趣的事可以做。我已經有一個好主意了。」

但是柯札克還不想告訴史蒂芬妮小姐，他的主意是什麼。

「等到晚上您就知道了。」他故作神祕的說。

晚餐後，柯札克醫師把所有的孩子召集到大廳。

「我們要辦一份報紙。」他宣布：「聽著，以前的人們如果想要知道城市裡發生什麼事，他們會聚集在一起，然後每個人會說自己看到什麼，又從別人那裡聽來什麼。這很花時間，而且很多時候，最重要的事件都沒有人知道，或是有人說謊，但是沒人知道真相，或是知道得不夠清楚。如果我們辦一份報紙，那大家只要看報紙，就可以知道所有發生的事。《孤兒之家週報》每週五會出刊，每期週刊會寫這一週『孤兒之家』發生了什麼事。請你們把每天的新鮮事寫在紙上，然後晚上交給編輯部。」

「什麼是『編輯部』？」以薩克問：「還有『編輯部』在哪裡？」

「在我房間。」醫師微笑著說：「之後我們會有合作對象，不過現在我們必須先靠自己。」

於是，「孤兒之家」就開始辦報紙了。這份報紙一次只發行一份，每週六上午，當所有孩子和員工都聚在一起時，會由柯札克讀報給大家聽。只要有人想寫就可以寫——包括老師和孩子，醫師先生也會寫。一開始報紙只有一個編輯，也就是柯札克，他會仔細看大家這一週寫了什麼，然後編排文字，再加上一段「編輯的話」。

「我其實不喜歡『孤兒院』這個詞，」柯札克有一天說到：「而『收容所』更糟。」

「那『孤兒之家』呢？」史蒂芬妮小姐問。

「比較好，但是當我想著這裡的時候，我都叫它『灰色華沙的白房子』，或是『兒童之家』。」

「我們的家沒有任何告示牌，」之後柯札克在報紙上寫道：「門口也沒有任何招牌。也許不久後會有一個，上面寫著『兒童之家』。」

第一年

「所以，每個人都要負責做某件事。」柯札克醫師對史蒂芬妮小姐說：「就像在家裡一樣，這樣我們就不必雇用多餘的員工，因為我們自己就可以處理。孩子們會和我們一起打掃、擺碗盤、換床單、整理環境，這也能教會他們尊重別人的工作。」

「這個主意我喜歡！如果我們排一個輪值表，您覺得怎樣？這樣一切就井井有條，每個人也都知道自己什麼時候該做什麼。」

「太棒了！」柯札克醫師欣賞的看著史蒂芬妮小姐，「我們還需要一個公布輪值表的公布欄，我們會在那裡貼各種通知，孩子們也可以貼通知，這樣每個人都可以看到自己什麼時候要、為什麼要在哪裡做什麼。我們應該從貼菜單開始，孩子必須知道自己每天吃什麼。」

「沒錯，他們一定會覺得很有趣的。」史蒂芬妮小姐微笑著說。

「我們還要掛一個信箱。您知道，有時候孩子沒有勇氣直接當面說，他們寧可用寫的。而我們會在晚上讀這些信，然後回信。」

「喔，不過我們有時間處理這一切嗎？」史蒂芬妮小姐擔心的說。

她總是實事求是，行事作風精確又很務實。

「我們辦得到的，只要好好安排。」柯札克醫師說。他總是很樂觀。

於是，「孤兒之家」慢慢上軌道了。這裡的一天從早上六點開始，孩子們必須自己鋪床、盥洗、穿衣，準時去吃早餐。每個人都要喝一杯魚油，一邊喝一邊嚼一塊麵包配鹽。早餐很豐富多樣，每天的菜色都不一樣。柯札克醫師很注重孩子們的飲食。

「他們一天得吃四餐！」他常說：「他們在成長，那對身體來說是很辛苦的工作。」

晚上，柯札克醫師會把孩子寫的信拿出來，仔細閱讀。有時候他會笑，有時候他則會嘆氣。重要的是，孩子們會在信中誠實、真切的寫出他們平常不敢講的話。

「別的孩子欺負我。」

「您很不公平，您給每個人削鉛筆，就是不給我削。」

「我不想睡在門旁邊，因為晚上我會覺得有人進來。」

「我很生您的氣。」

「我想要談一件很重要的事，但是要祕密的談。」[12]

柯札克醫師嚴肅認真的看待這些信件，會抱著最大的尊重，回覆每一封信。「孤兒之家」運作一年後，他決定做出一個結語：

信箱完成了自己的工作，每天晚上它都是滿的，可見關於讓自己痛苦的事，孩子寧可用寫的，而不是用說的。

法庭總共審理了三千五百個案子，一週最少會有五十個案子，最多

12 出自《如何愛孩子》，雅努什・柯札克／文，林蔚昀／譯，心靈工坊出版，二〇一六年。

有一百三十個。被告多半無罪，其中只有十九次，法庭判被告有罪。

報紙每週都有發行，它成了「孤兒之家」的象徵之一。孩子們喜歡報紙，會定期為報紙寫作。

感謝公布欄，孩子不用什麼事都要問，他們也常常貼上自己的告示。今年是艱困但多采多姿的一年。

沒有血緣關係的父親

「如果由我來當你們的理髮師，你們覺得怎樣？」醫師問。

孩子們都興致勃勃，於是理髮的遊戲就開始了。

「您希望剪什麼樣的髮型？」柯札克醫師問一個女孩。他彎下腰，做出嚴肅認真的表情，彷彿是一名真正的理髮師。

「您可以在我頭上推出華沙的街道嗎？就像上次一樣？」男孩們問。於是，柯札克就用推剪器在他們的頭上推來推去，推過漿洗街、卡洛街、乾草街、冷冷街、聖方濟街、荒原街、元帥街和克拉科夫郊區街。

醫師也會給孩子們剪指甲，檢查他們身上是否乾淨。

每週一次，通常是在週五、在安息日之前，醫師會給孩子們量身高、體重，這在「孤兒之家」是件大事。

「女孩們，到我這邊來。」史蒂芬妮小姐說。與此同時，柯札克醫師正在幫男孩們測量，他把每個人的身高、體重，仔細的寫在筆記本上。

「醫師看起來好憂鬱。」男孩們小聲說：「一定是因為小亞伯拉罕，他超瘦的。」

確實，如果孩子長胖了十公克或長高了一公分，柯札克醫師就會很開心。但如果孩子的體重沒有上升，他會變得憂愁；而如果體重減輕，他便會更擔心……

「怎麼回事？」他低語：「小亞伯拉罕最近很憂鬱，這很奇怪。或許他想家了，這也許能解釋為什麼他的體重變輕了……我得和他談談。」

「但是他胃口很好呢……」畢業於自然科學系，史蒂芬妮小姐完全明白，為何柯札克醫師這麼擔心孩子們的體重。

「孤兒之家」的每個孩子都要輪流工作，比較小的孩子輪值半個小時，大一點的一個小時。輪值時，他們會擺碗盤，打掃餐廳、寢室、浴室、廁所。柯札克認為，如果老師不帶頭打掃，孩子們是學不會打掃的，於是，他總是選擇做別人覺得最困難、最討厭的工作。他會和孩子們一起擦地板、掃廁所、給他們擦皮鞋，而且任何人都無法從他手上搶走這些工作。

但是最重要的是，柯札克教孩子「信任」。

「我們在這裡就像是一家人。」他說：「所以我們不會關門，也不會把櫃子上鎖。每個人都知道，沒有別人的同意，不可以拿別人的東西。沒有經過允許，也不可以自己上街。所以，我們要鎖幹什麼？」

出乎意料的，孩子們很快都接受了新的義務和新的規定。

「太好了。我的孩子們總算可以開開心心，擁有一個屬於他們的地方。」晚上，辛苦工作了一天後，柯札克溫柔的看著窗戶彼端熟睡的男孩、女孩，這麼想著。

眼淚的名單

公布欄上除了固定的通知，出現了一張神祕的告示：「眼淚的名單」。

「每個哭過的人都可以在這邊寫下自己的名字，不管是因為什麼樣的理由哭泣。」柯札克醫師向驚訝的孩子們解釋。

「他們必須感覺到自己對我們來說很重要，要感覺到自己是被愛的。」晚上，柯札克醫師這麼對史蒂芬妮小姐說：「我們必須蒐集他們的眼淚，這就是這個名單的目的。」

從這時候開始，哭過的孩子會認真的把自己的名字寫在「眼淚的名單」上，那些還不會寫字的，也會拜託年長的同伴幫他們寫。柯札克注意到，自從他們貼上「眼淚的名單」，孩子們就比較少哭泣了。

「我們也掛了一張『道歉的名單』，」另一天，柯札克說：「如果有人想和別人道歉，也可以在這裡寫上自己的名字。」

「這些名單不會太多嗎？」孩子們問。

「即使是我們大人，都很難為了傷害別人道歉，」柯札克說：「對你們來說就更不用說了。這個名單可以幫助你們。」

城裡的人們都說，「孤兒之家」提供孩子們最好的照顧，因此，許多人都想把孩子送到那裡。

「我們還有缺額，可以收容這些孩子。」柯札克醫師說：「但是我們必須了解每個孩子的狀況，選擇最需要幫助的孩子。」

「這一切讓我很擔心。」史蒂芬妮小姐嘆了口氣說：「我們好不容易讓這群孩子的生活上了軌道，現在我們又要收容什麼規則都還沒學會的孩子。」

「我們會把他們教會。」

「那那些一開始就在這裡的孩子呢?這不會干擾他們的生活嗎?他們不會欺負新來的孩子嗎?」

「不會,因為我們會讓他們擔任監護人,去照顧新生。每個新生都會由一個原本就住在這裡的舊生來照顧。」

「希望會成功。」史蒂芬妮小姐半信半疑,打量著樂觀的柯札克醫師。

事實證明,柯札克醫師的主意很棒。新來的孩子會先去找史蒂芬妮小姐,她會和他們個別談話,記下所有的細節。然後那些孩子會去找柯札克醫師,他會給他們做檢查、量身高、體重並做紀錄。之後,新來的孩子會去找自己的監護人,在接下來一週,監護人會幫忙適應新環境,提供協助。

監護人還會得到一本特別的筆記本。「請你把所有的事寫下來。」柯札克醫師對監護人說：「關於你照顧的對象，每一件事都寫，也要寫下你對他的觀察。每天晚上，你要帶這本筆記本來給我讀。」

新來的孩子們很快就適應了新的情境，但如果有人真的很難過，柯札克醫師就會出手幫忙。阿琳娜的情況就是這樣，多年後，她回想在「孤兒之家」的第一個夜晚：

我睡不著。外面，風猛烈的吹，雖然窗戶緊閉，還是被吹得不斷震動。大雪紛飛，雪花黏住了玻璃窗。門上方的燈，投射出藍色的光條，在天花板變成可怕的形狀。冰冷的影子從四面八方向我爬過來，和睡著的人一起發出呼嚕聲。我又弱小又不幸！在這間奇怪的寢室，我感到好孤單。

我好怕……我瑟瑟發抖……所有的一切都好巨大，有這麼多張床，這麼多顆頭，卻沒有一顆在動。我渾身冰冷……全身充滿恐懼……也許他們都死了？

突然我感覺到，某個人的手在摸我的頭。我不知道怎麼一回事，但是我認得這隻手，我知道，醫師先生在我身邊。他抬起我的頭，摸著我的臉。

「你在哭嗎？」他低聲問，幫我擦擦眼淚和額頭。

我抓住他的另一隻手，緊緊抱住。醫師又問：「你在這裡很不快樂、很孤單，是嗎？」

「我很害怕，很害怕。」我說，沉重的呼吸著。

「你害怕什麼？怕誰？」

「打呼聲……外面的風、雪，天花板的影子和所有的一切……所有的一切……」我吃力的說。

醫師微微一笑，他坐在我身邊的椅子上，彎下身，摸著我的頭髮。

「你害怕雪嗎？可是你看，雪花在外面跳舞，跳得多麼快樂！現在它們在裝飾我們的家，明天早上你就會看到，我們的家會變得一片雪白，就像淋了一層糖霜。至於風，你聽聽看……它正在說故事，關於一個晚上不睡覺、正在哭泣的小女孩……」

醫師抱著我，慢慢的摸我的臉和頭髮，輕輕說：「睡吧，我的小女兒，晚安。」

在他的聲音和手掌的撫摸中，有某種善良、撫慰人心的東西，我閉上了眼睛，感到很安寧。他喜歡我！他對我說「我的小女兒」，他在守護我，有他在這裡，什麼壞事都不會發生的。

如何愛孩子

一九一四年七月，第一次世界大戰爆發。所有人都被動員去打仗，而其中最有價值的人力就是醫師了。雅努什．柯札克和醫院裡的朋友——艾略斯伯格醫師及其他醫師，也都收到了徵召令。柯札克被任命為部隊野戰醫院的醫療主任。

史蒂芬妮小姐和其他「孤兒之家」的老師，必須自己照顧一百名孩童，柯札克一想到這件事就不安得直發抖，但是沒有辦法，他必須去前線，雖然他打從心底不喜歡戰爭。野戰醫院裡有許多傷患，柯札克幾乎從早到晚都要工作，而一有閒暇的片刻，他都拿來寫作：

孩子希望別人能認真嚴肅的看待他，他要求擁有信任、指示和建議。而我們卻以開玩笑的方式對待他，經常懷疑他，因為誤會而把他推開，拒絕提供協助。

有時候父母不想知道那些孩子知道的事——也不想看見那些他們看見的事。

我現在要宣告關於兒童的人權。也許兒童還有許多權利，但我在此列出三點最基本的：

一、兒童有死亡的權利。

二、兒童有活在當下的權利。

三、兒童有做他自己的權利。[13]

前線在打仗，四周都是槍砲的聲音，而柯札克在寫書，書名叫《如何愛孩子》。

13 出自《如何愛孩子》，雅努什·柯札克／文，林蔚昀／譯，心靈工坊出版，二〇一六年。此處「死亡的權利」不是指「兒童有權結束自己生命」，而是因為當時上流及中產階級的家庭，用令人窒息的方式管教孩童（如同本書第一部的描述），令柯札克十分厭惡。他曾說：「因為害怕孩子被死亡帶走，我們把孩子從生命的身邊帶開。因為不想他們死掉，我們不允許他們活著。」他並非主張不保護孩童，而是要大人不要過度保護，否則會限制孩子探索生命的渴望。

手錶

一九一五年十二月，柯札克獲得了三天的聖誕假期。可惜，他無法回到被占領的華沙，於是他去了基輔。他計畫拜訪那裡的孤兒院，看看運作的狀況。就這樣，他來到了瑪莉娜·法絲卡[14]經營的、收留波蘭男孩的孤兒院。

「您好，醫師先生。」女院長真心歡迎柯札克，「您能來這裡，真是我們的榮幸。」

「這些孩子好帶嗎？」

「我必須痛苦的告訴您，很難帶，很難帶。我們孤兒院有六十個青少年，他們不想聽任何人的話，愛做什麼就做什麼，我只有靠嚴厲的懲罰，才能勉強維持孤兒院的運作。」

14 瑪莉娜·法絲卡（Maryna Falska，1877–1944），波蘭教育家、社會主義運動家。波蘭亡國期間曾多次因反抗俄國被補，甚至被流放。波蘭復國後回到波蘭，跟隨柯札克的理念經營孤兒院「我們的家」。

「嗯……如果不用懲罰，而是用獎勵的呢？」柯札克問。

「您在開玩笑吧！獎勵他們？為了什麼？」

「我相信，合適的動機會創造奇蹟。」

「那就讓您示範這個奇蹟給我看。現在有一個男孩被關了起來，因為他偷了門房的手錶。您也會獎勵他嗎？」

「我還不知道，但我很樂意和他談談。」

晚餐後，瑪莉娜小姐召集了所有男孩。

「這位是柯札克醫師。」她向孩子們介紹了客人。

「我是來看你們的。」柯札克醫師說，用他能令人放下防備心的藍眼睛看著孩子們。

「沒錯，柯札克醫師是一位很有名的老師，」瑪莉娜小姐說：「世界上很多人欣賞他的教育方法。我希望，他在這裡的時候可以好好教教你們。」

「噁——」孩子們不滿的低聲說：「有人問過我們的意見嗎？」

「我聽說，你們之中有一個人被關起來了。」柯札克醫師突然說。

「才不只一個人呢！每天都有人受罰！」孩子們大叫。

「你們把他帶過來吧。」柯札克說。

不久，一個矮小的男孩走進房間。他有一頭黑髮，以及一雙幾乎全黑的眼睛。他看起來很膽怯、沒自信。

「你好，我是雅努什·柯札克。」柯札克向驚恐的男孩伸出手。

「尊貴的先生，您好。」那個叫「史塔休克」的男孩小聲說，他的聲音小到幾乎聽不到。

他的同伴哈哈大笑。

「有人說你好像偷了手錶，這是真的嗎？」柯札克問。

「不是。」史塔休克低語。

房間裡充滿了叫囂聲，還有人在跺腳和吹口哨。

「他說謊！」有人大喊：「不要相信他！」

「慢慢來，不要急。」醫師讓大家安靜，「我想要一件事、一件事搞清楚。所以，門房說他掉了手錶，對嗎？」

「對。」瑪莉娜小姐說：「是三天前掉的。」

「您是否確定，他的手錶是真的掉了？他有沒有把手錶遺失，或忘在什麼地方？」

「我相信尼古拉先生。他說，他所有地方都找過了，就是找不到他的手錶。」

「我明白了。那你們是怎麼得出結論，是史塔休克偷了手錶？」

「因為贊農克看到史塔休克從門房的房裡出來，那時他看起來鬼鬼崇崇，彷彿怕被人看到。」

「史塔休克，事情是這樣子嗎？」

「是。」

「你能不能告訴我們，你在門房的房裡做什麼？」

「不。」

「為什麼？」

「這個我不能說。」史塔休克低下頭。

「您看到沒！他無法為自己辯護，東西就是他偷的。」

「就是他偷的！」男孩們大叫。

「等等！不要這麼快給人定罪。我們還沒有足夠的證據。」柯札克要大家安靜。

「我覺得這件事再明顯也不過了。」瑪莉娜小姐搖搖頭說。

「當某個人犯罪，即使是最糟糕的罪行，他也有權利讓他的案件在法庭受審，也有權利擁有辯護律師。為什麼史塔休克不能擁有這項權利？」

「您扯得太遠了，他只是個孩子，什麼法庭？我們在孤兒院處理這件事就好。」

「沒錯，我們是會在這裡開庭審理他的案件，其他孩子可以用不記名投票的方式選出法官，您當檢察官，而我會當史塔休克的辯護律師。」柯札克說。

一片鴉雀無聲，雖然大家沒有說話，但每個人都一肚子疑問。

「請給這男孩一個機會，讓我們試試看……」柯札克請求。

「好吧，但是您要為此負責。」瑪莉娜小姐定定的看著柯札克說。

孩子有權利讓他的事情
被認真的看待、公平的解決。
—— 柯札克
(出自《如何愛孩子》，心靈工坊出版)

「沒問題。」柯札克微微一笑，然後開始著手準備。

不到一小時，孩子們就選出了法官。

證人贊農克在法庭上作證說，他在門房手錶不見的前一天晚上，看見史塔休克從門房的房裡走出來時，看起來很奇怪，彷彿在害怕著什麼。

「被告有注意到證人嗎？」柯札克問。

「他應該沒看到我。」贊農克說。

「我沒看到他。」史塔休克低下頭。

「證人，你那天晚上在門房的房前做什麼？」柯札克仔細打量贊農克。

「呃，我不能說。」

「你必須明白，你說的話會影響史塔休克的命運。如果你知道和手錶下落有關的事，你應該要說出來，而且現在就要說，不然之後可能就太晚了。」

「呃，因為我……我知道一件事，我聽說了一件事……但我寧可不要告訴任何人。」贊農克緊張得冷汗直流。

「現在情況特殊，」柯札克十分嚴肅的看著贊農克，「我們是在法庭，法庭上你必須說實話，而且只能說實話。」

「我聽到茲畢謝克和卡基克在講話。我沒有偷聽，我可以用我奶奶的名字發誓！」贊農克拍胸脯保證，「但是他們講得很大聲，所以我聽到了一點點。」

「他們說了什麼？」

「他們說，如果史塔休克再去管法蘭努的閒事，他們就會給他好看。還說今天晚上，門房的房裡會有事情發生，然後他們哈哈大笑。我很好奇，到底會發生什麼事，所以我就去看了。」

「法蘭努是誰？」柯札克醫師抬起眉毛。

「是我們最小的孩子。」站在一邊的瑪莉娜小姐說，她站直了身子，抬起了頭，「他才五歲。」

「我可以單獨和他談談嗎？」

「請。」

柯札克來到孩子們的房間，沒多久，一個流鼻涕的小男孩走了進來。

「你就是法蘭努嗎？」

「大家都這麼叫我。」小男孩口齒不清的說。

「我想請你告訴我關於史塔休克的事。他是你的好朋友嗎？」

「對，最好的朋友，他會保護我。」法蘭努認真的說。

「他會保護你？有人會欺負你嗎？」

「其他的男孩會欺負我，我得把我的午餐、晚餐和早餐分他們一半。他們說如果我不分給他們，他們會殺了我。」

「那史塔休克呢？」

「他會保護我，不讓他們拿走我的食物。」

「我明白了。」柯札克醫師點點頭，「現在請你叫史塔休克來找我。」

「好的，先生。」法蘭努露出缺了牙的笑容。

不久，史塔休克進來了。

「您說，要我來找您。」史塔休克看著柯札克說。

「沒錯，因為我希望你告訴我真相。你一直保護著法蘭努，對嗎？」

史塔休克低下頭。

「茲畢謝克和卡基克威脅你？」

男孩沉默不語。

「在門房的房裡發生了什麼事？你偷了那個手錶嗎？」

史塔休克的背開始顫抖，他抽泣著。

「因為我已經不知道該怎麼辦才好，他們一直欺負他，拿走他所有的一切，食物、乾淨的床單……」他一口氣說了出來：「因為他比較弱小，大孩子就威脅要打他，不准他玩。我很為他難過，因為我在家裡也有一個小弟，和他一樣大。」史塔休克放聲大哭，「我想要阻止他們繼續欺負他，他們說，如果我給他們一百盧布，他們就會放過他。但是我要從哪裡弄來這麼多錢？他們告訴我，門房的手錶就值一百塊。尼古拉先生平常也沒在戴錶，所以我想，他應該不會注意到……」

「而贊農克看到了你……」柯札克醫師說。

「對，現在我要被趕出去了，但我沒有其他地方可去啊。」史塔休克渾身顫抖。

「別擔心，孩子。」柯札克摸摸他的頭，「你這麼做是出於好意，這可以減輕你的懲罰。你只要把手錶還給門房，把事情解釋清楚就好了。」

「但是手錶不在我這裡！我馬上就把手錶交給他們了！」

「那現在就輪到他們接受審判了。」柯札克醫師陰沉的說：「他們必須在法庭上解釋自己的行為。」

柯札克和茲畢謝克、卡基克進行了很久的談話，兩個男孩一開始都堅持不是他們做的，但最後還是承認了。

「只有膽小鬼和最糟糕的強盜，才會威脅、利用比他們弱小的人，因為那些人無力反抗。我請求庭上，對這個案件做出公正的判決。」柯札克下了結論。

法官西蒙、檢察官瑪莉娜小姐和辯護律師柯札克共同決定，史塔休克應該無罪釋放，而茲畢謝克和卡基克必須向被害人道歉，並且努力工作，好買一只新的手錶給尼古拉先生。

「我完全不知道，那些大孩子竟然會威脅小法蘭努。」瑪莉娜小姐心痛的說：「還好您讓這件事水落石出了，而我竟然懲罰了一個無辜的孩子……」

「請您不要自責。」柯札克握了握她的手，說：「我知道，自己一個人要處理面對這一切，有多麼不容易。我還有史蒂芬妮小姐可以倚靠，而您只能靠自己，您已經做得很好了。如果您願意，我可以告訴您幾個我們孤兒院的方法。」

「我很樂意。」瑪莉娜小姐微笑著說。於是，柯札克就告訴瑪莉娜小姐，他和夥伴是怎麼讓孩子們輪流當值日生、怎麼一起辦報紙，又是怎麼在公布欄貼告示、眼淚名單、感謝名單、道歉名單、抱怨名單，以及「孤兒之家」是如何運作的。

結束和新的開始

戰爭依然持續著，柯札克醫師還是沒有從前線回來，史蒂芬妮小姐每天都要為「孤兒之家」的存亡傷腦筋。雖然孤兒救助協會有提供金錢補助，讓孩子們有東西吃，但戰爭時期依然什麼都缺。每週一次，她會一大早起床，帶著袋子，去華沙郊外的村子買食物，然後晚上再背著麵粉、馬鈴薯和蕎麥回來。

雖然史蒂芬妮小姐努力提供孩子們最好的照顧，孩子們的生存條件還是很艱困。許多孩子得了斑疹傷寒，一個接一個被隔離，發著高燒，很快的，連床位都不夠用了。當孩子病得太嚴重，「孤兒之家」的洗衣婦沃莎小姐就會用毛毯把孩子包起來，背著孩子去醫院。沃莎小姐是個了不起的人，柯札克醫師寫過一篇文章讚美她，感謝她對「孤兒之家」做出的非凡貢獻。

在那個年代，洗衣婦是最被人瞧不起的工作，就連猶太女人都不願意當洗衣婦。沃莎小姐是波蘭人，卻接受了這份工作。她幫孩子們洗衣服和內衣褲，聽孩子訴說煩惱。當孩子們從學校回來，她會去門口接孩子，保護他們，不讓任何人欺負他們。大家都很喜歡沃莎小姐。

戰爭時期，沃莎小姐幫了史蒂芬妮小姐許多忙。史蒂芬妮小姐必須打點一切，她總是第一個起床，最後一個上床。當所有人都睡著，她會像個影子一樣，在孩子們的床鋪間走來走去，幫這個孩子蓋好被子、調整枕頭，摸摸那個孩子的頭、檢查他是否還在呼吸。

「神啊，請給我們更多麵包、馬鈴薯和煤炭吧。」孩子們禱告著。「請給我們這些吧，因為我已經不敢奢求戰爭結束……」史蒂芬妮小姐悄聲說。

終於，戰爭結束了，在亡國一百二十三年後，波蘭終於再次獨立！這個重生的國家一貧如洗，許多人因為貧窮和疾病而喪生，活下來的人也因為戰爭而精疲力盡。但是，所有人都很高興，對未來充滿了希望和狂熱。從前，波蘭士兵為奧匈帝國、俄國和普魯士而戰，甚至要互相殘殺，現在，他們終於可以回到共同的祖國了。

有一天，一個削瘦、禿頭、留著紅鬍子、戴著金邊眼鏡的男人，突然到訪了「孤兒之家」。在院子裡玩耍的孩子們打量著這個人。

「柯札克醫師回來了！」

「醫師先生！醫師先生！萬歲！」孩子們都跑到柯札克身邊，捏他、拉他、爬到他背上，還溫柔的摸他的禿頭、扯他的鬍子、摸他的臉。

「您終於回來了，我們好想念您……」史蒂芬妮小姐感動的說。

「我也很高興。」柯札克擁抱了每一個孩子，親了親他們的頭，「我也很想念你們。回家真好！」

但是這個家已經不一樣了，最大的不同是，現在這裡很冷，孩子們也都餓著肚子。

「冬天就要來了，我們得讓孩子有個溫暖的屋子。」柯札克做了決定，便馬上開始行動。他去找礦工工會，請他們給他一點煤炭，而出乎意料的，工會送來了一整個車廂的煤炭！

「只是你們得在一天內卸完貨。」礦工工會說。

「我們一定做到！」柯札克微微一笑，然後一馬當先，開始用水桶搬煤炭，跟在他身後的是史蒂芬妮小姐、守衛和孩子們。大家用鍋碗瓢盆裝煤炭，甚至連五歲的小凱茲都來幫忙，用尿壺搬著煤炭。「我可以搬一百輛馬車的煤炭！」他驕傲的說，給大家看他黑黑的小手。

晚上，洗過澡後（終於可以洗熱水澡了），柯札克醫師把所有的孩子叫到飯廳。

「大家都知道，在我們的公布欄，每個人都可以寫自己的抱怨、憤怒和請求，也有眼淚的名單，可以寫下你們哭泣的原因，還有道歉的名單。現在，我想我們可以來貼一個感謝的名單。我想要第一個寫，我要謝謝你們大家，謝謝你們每一個人幫忙把煤炭搬下來！」

「萬歲！」孩子們大叫，團團圍住柯札克。

打賭

十二歲的伊達氣喘吁吁的跑進柯札克醫師的房間。

「要打死人啦！」她喘著氣說。

「在哪裡？是誰？」柯札克醫師正在寫作，他抬起頭，一頭霧水的問。

「約瑟夫和阿容，他們在打架，醫師先生，拜託你去阻止他們吧。他們扭打成一團，根本分不清楚誰是誰，頭在哪裡，腳在哪裡。」

柯札克嘆了一口氣，站起來穿上外套，和伊達一起去院子裡。確實，有兩個男孩在那裡打得難分難解，旁邊還站著一群在幫他們加油吶喊的孩子。

柯札克醫師靜靜站在一旁，興味盎然的看著男孩們打架。

「不能用踢的！」他突然大喊：「這樣沒有騎士精神。」男孩們繼續打架，「孤兒之家」的女管家剛好經過院子。她停下來，詫異的看著柯札克。

「您應該阻止他們打架啊！」她大喊。

柯札克抓住她的手，把她拉到旁邊。

「男孩必須打架。」他說：「我們沒辦法阻止他們，只能在一旁留意，不要讓他們打得太激烈。踢人不符合騎士精神，其他的都可以。」

「真是奇怪的教育方式……跟我小時候學到的不一樣。小時候大人都叫我們要有禮貌、要聽話，沒什麼好商量。但是既然醫師先生這麼說，那我也沒什麼好說的。」

午餐後，良心不安的阿容來到柯札克的房間。

「我不會再打架了，我要戒掉打架。」

「我們可以來打賭，」柯札克建議：「你可以自己決定你的賭注。如果你贏了，就可以得到兩顆牛奶糖，怎麼樣？」

「好！」阿容興奮到差點跳了起來。

「那你要賭什麼？」柯札克問。

「我要賭我之後不會再打架，我會遵守約定的。」阿容拍胸脯保證，他拍得好大力，胸膛咚咚的響。

「不，我不能接受這個賭注。」柯札克嚴肅的看著阿容說：「這樣不公平。」

「為什麼不公平？」

「因為我知道你一定會輸，這樣我要怎麼跟你賭？不能這麼做。」

「才不會！」阿容大喊：「您還不了解我的能耐！只要我下定決心，無論要做什麼我一定會做到……」

「你每天都打架，怎麼可能說停就停？必須一步一步慢慢來。」

「那我賭我一個月只會打一次架，怎麼樣？」阿容有點不高興的說。

「不，我可以和你賭一週只打兩次架，這樣比較實際。」

「或許一週一次？」阿容有點失望，但是在內心深處他必須承認，柯札克醫師是對的。

「嗯……我們可以試試看，或許你會成功。」柯札克醫師微笑著說，拍了拍男孩的肩膀，「我會在筆記本中記下和你的打賭。」

阿容下定決心，要讓醫師先生看看他的能耐。

「不管怎麼樣，我一定會贏的。」阿容把打賭的內容寫在公布欄上，一邊這麼想。

「他怎麼了？」朋友們都覺得很奇怪，整整一週，阿容都避免著和別人打架。他以前只要聽到一句不中聽的話，就會跳起來和人打架，但是現在他卻安安靜靜的坐著沉思，沒有任何人或任何事能激怒他。

「我贏了。」一週過後，阿容得意的對柯札克醫師說。

「恭喜。」柯札克說，拿給阿容兩顆牛奶糖，「現在我可以和你賭一個月只打兩次架，你敢賭嗎？」

「為什麼不敢？」阿容哼了一聲說：「現在我知道，我辦得到！」

寂靜的房間

「這裡的孩子就像蜂巢裡的蜜蜂一樣多。」柯札克在吃早餐時，看著孩子們這麼想，「但每個人有時候都需要孤獨和寂靜。」

下午，公布欄出現了一張告示：

我們會安排一個寂靜的房間，如果有人想要，可以使用這個房間。

「寂靜的房間是什麼？」孩子們問。

「我們會在那裡做什麼？」

「為什麼是寂靜？」

「寂靜的房間是讓人可以獨處的房間。」柯札克解釋：「可以在那邊思考、禱告，或只是靜靜坐著。」

「如果不想禱告呢？」

「那就不用禱告。」

「如果想禱告呢？」

「那就可以禱告。」

「如果想要和別人一起禱告呢？」

「那也可以，我們會在公布欄再貼一個名單，我會在上面寫：『誰想禱告？』如果有人在吃早餐前，想和別人一起禱告，可以把自己的名字寫下來，隔天就可以來寂靜的房間一起禱告。」

隔天，當窗外還灰濛濛的，就有人來到寂靜的房間，膽怯的敲了門。

「請進。」柯札克醫師輕輕說，打開了門，「我在等你們。」

「我們是來禱告的。」幾個孩子輕輕走進房間。

柯札克醫師偷偷的瞄了一眼名單，又看了看眼前的孩子。

「哈，真有趣，有人沒寫名字，卻跑了過來。有人寫了名字，卻沒有來……」他大感意外。

「我們開始吧。」柯札克說：「每個人都能用自己的方式禱告。」

「您先開始。」

「好，那麼……造物主啊，謝謝您創造了形狀不規則的葉子和人心，」柯札克開始禱告：「謝謝您讓世界上有夜鶯和臭蟲，謝謝您讓魚離開水就會死，謝謝您讓世界上有閃電和櫻桃……謝謝您，神啊。」

之後，每個人都用自己的方式在寂靜中禱告。孩子們會用卡迪什[15]禱告，他們記得在家裡，自己的父親曾經說過這個禱告詞。

孩子們參加禱告是完全出於自願，有些人會報名禱告，有些人不會，有些人經常來禱告，有些人則久久出現一次。

15 猶太人在祈禱儀式中，讚美上帝時會吟誦的讚美詩。

史蒂芬妮小姐在寂靜的房間擺了很多花草，孩子們都很喜歡來這裡，他們會坐在椅子上，有時候則躺在地上。他們會在寂靜中思考，至於他們想了什麼？沒有人知道。

我們會給你們渴望

「真的沒有別的辦法了嗎？」柯札克搓著紅鬍子，一邊思考。

「這我們一開始就知道了啊，我們討論過的。」史蒂芬妮小姐耐心解釋：「在『孤兒之家』，我們收容七到十四歲的孩子。」

「人們認為十四歲已經是大人了，但他們其實還是孩子……」柯札克搖搖頭說：「規定可以依照需要改變。小凱茲來我們這裡的時候還不到五歲，但我們還是讓他留了下來……」柯札克狡猾的笑著。

「收容家裡情況特別困難的年幼孩子，還算可以對委員會解釋，但滿十四歲的孩子必須離開，這是規定。畢竟我們也必須空出一些位置，給那些等待收容的孩子，您也知道，等待的名單有多長……」

「我知道……」柯札克憂鬱的說：「這代表我們必須和我們收容的第一批孩子說再見。您覺得除了『孤兒之家』，他們在外面找得到工作和夠安靜的角落，並遇見好人嗎？」

「我不知道。」史蒂芬妮小姐低聲說。大孩子們要離開了，她也覺得很難過。

「或許我們可以留下幾個最大的孩子？他們可以和我們住在一起，幫助那些年幼的孩子……」

「嗯……這主意不錯。我們現在已經有一百多個孩子，需要更多幫手幫助我們照顧。但是我們無法留下所有人，我們必須收容更年幼的孩

如果我們無法做到謙遜，那就讓我們至少尊重孩子們純潔、明亮、無瑕的神聖童年吧。
——柯札克
（出自《當我再次是個孩子》，網路與書出版）

子，那些大孩子必須自己照顧自己。」

聽到這話，醫師打起了精神。

「我們能有多少個名額？」他的聲音中有新的希望。

「我想，最多十個。」

「好，那我們就這麼辦：我們在公布欄公布，我們會開放十個名額，讓大孩子留下來照顧年幼的孩子，想要留下來的人可以在名單上登記，之後我們會挑出最適合做這項工作的人。」

「怎麼挑？」

「很簡單，透過觀察。我們會帶那些想要留下來的人，去哥茨瓦沃克夏令營，讓他們照顧年幼的孩子。在那裡，他們會知道自己適不適合這份工作。我也是這樣開始的。」

公布欄貼出告示後，幾乎所有人都寫下了自己的名字，包括那些還可以在「孤兒之家」住上好幾年的。現在是六月，必須和那些最大的孩子道別了。大家都聚集在飯廳，吃道別的午餐，吃完飯，就開始了一連串娛樂活動：團體遊戲、比賽和唱歌。柯札克醫師親自帶領了所有的活動，他單腳跳、大聲唱歌，還用積木堆了火車。

最後他發表了一段演說：

「我們在此要和那些已經離去的，以及即將離去的孩子道別，願他們不要再回到這裡。

我們要和他們道別，因為他們將開始一段很長、很遙遠的旅程，這趟旅程的名字是：『生命』。

我們思考了很久，要如何道別、要給這些孩子什麼建議。

可惜，我們的詞彙很貧乏、虛弱。

我們什麼都不會給你們。我們不會給你們神，因為你們得在孤獨中努力，在自己的靈魂裡尋找祂。

我們不會給你們祖國，因為你們要靠自己的心和思考找到它。

我們不會給你們另一個人的愛，因為沒有原諒就沒有愛，而原諒——是個艱苦的過程，其中困難險阻，你們得自己經歷這些。

我們只會給你們一樣東西：對更好的人生的渴望。你們現在還沒能過上好的人生，但是你們有一天會的，會迎來真相和公平正義。

也許這份渴望會引領你們找到神、找到祖國、找到愛。」

小事

電車上擠滿了人，鬧哄哄的。柯札克和史蒂芬妮小姐帶著「孤兒之家」的孩子，幾乎占滿了整個車廂。

「我真不知道他們今天是怎麼了，很難讓他們安靜下來，他們一直動來動去，不停嘰哩呱啦。」史蒂芬妮小姐試圖維持秩序。

「如果您是他們，您有辦法安靜坐好嗎？」柯札克醫師微笑著說：「他們現在可是要去度假啊！」

沒錯，孩子們都很開心，可以一起去夢想中的夏令營。他們老早就在倒數還有幾天、還有幾個小時可以出發。現在他們臉貼著車廂玻璃，瞪大眼睛看著窗戶彼端的風景。

「我們到了！」雷布斯第一個注意到哥茨瓦沃克的站牌。

「萬歲！」孩子們大叫，他們已經站了起來，爭先恐後的準備下車。這時，史蒂芬妮小姐堅定的抬起手，阻止了他們。

「我們要兩兩一排，有秩序的下車，不可以搶著下車或是推人。」

「如果沒有史蒂芬妮小姐，我該拿這群孩子怎麼辦啊……」柯札克低聲說，臉上帶著頑皮的微笑。

這棟位於森林、遠離城市喧囂沉悶的夏日小屋叫「小玫瑰」，那裡有一個很廣大、圍起來的院子，可以讓孩子們踢足球、玩棒球、捉迷藏。「孤兒之家」的孩子們平常只能在小小的院子裡玩耍，現在有這麼大一塊空地，大家都高興得不得了。在這裡，遊戲是一天中最重要的事，孩子們可以愛怎麼玩就怎麼玩。柯札克和史蒂芬妮小姐仔細觀察那些想當老師的青少年，和他們談話，向他們提出問題。

「你為什麼想要和孩子們一起工作？」柯札克問。

「因為……因為我很愛孩子……」一個女孩說。

「這樣的話，我勸你去嫁人，當你有五、六個小孩，你對孩子的愛就可以獲得滿足了。」

「如果有人說他很愛孩子，我們大概可以猜到，他無法忍受孩子。」

柯札克告訴史蒂芬妮小姐：「因為這種事是無法用言語表達的。」

「我只想和孩子一起工作，因為他們需要我。」另一名候選人說。

「為什麼只想和孩子一起工作？你做別的事也可以獲得成功。和孩子一起工作不是很令人愉快，你要為他們負責，注意他們睡得好不好、是否吃飽穿暖，還必須時時刻刻提高警覺，防止那些頑皮鬼自相殘殺。」醫師希望每個想當老師的青少年，都意識到他們即將擔任的，是一份多麼任重道遠的工作。

「我想要當孩子的老師，我很確定。」一個女孩說。柯札克開始仔細觀察她。

「您瞧瞧，希妲變了很多。」柯札克對史蒂芬妮小姐說：「她原本是那麼調皮、不聽話的女孩，現在她成了一個認真的少女，無微不至的照顧這些孩子，像母雞一樣跟在他們身邊。」

確實，希妲很認真的完成自己身為保育老師的「義務」，她會為孩子安排遊戲、注意孩子們吃飯前有沒有洗手、哄他們上床睡覺。有一天，柯札克醫師帶一群孩子和希妲去河邊，孩子們分散開來，每個人都開始各玩各的。有些孩子用沙子堆沙堡，做出堡壘、護城河和池塘；有些孩子用沙子做了蛋糕、甜甜圈、杯子蛋糕，還拿來給柯札克醫師看。希妲則在孩子之間穿梭，和他們一起玩。

「坐下吧。」醫師對她點點頭說：「現在他們不需要老師，就讓他們自己玩吧。」

希妲坐在沙地上，看著醫師。他的眼神看起來深沉溫和，流露著父親般善意的微笑。

突然一陣騷動，幾個孩子在搶奪一個鏟子，然後一個男孩把其他孩子蓋的沙堡踩爛了。

柯札克衝過去，抓住男孩的手。

「你這個不聽話的弄壞東西鬼！」他大吼：「你這個小野人，唱反調的！你把其他人辛辛苦苦做的城堡毀了，趕快向他們道歉！你們這些烏鴉，不要再搶鏟子了，每個人都可以挖沙，但要一個一個來。」

希妲一點都不驚訝，她很熟悉醫師的暴怒，也知道當孩子們鬧得太過火時，他會用好笑的方式「罵」孩子。不過無論如何，一切總是能和平落幕。

「對不起。」西蒙低聲說，然後開始修復被他弄壞的沙堡。

晚餐後，就是洗澡時間。

「洗澡的時候，最重要的就是洗腳。」柯札克說，然後第一個脫下鞋子和襪子。「我的腳是大還是小？」他問：「你們覺得呢？你們覺得我有辦法把腳洗乾淨嗎？」

「很大，很大！」小小孩們大喊。

「現在我們來玩洗腳的遊戲。」醫師拿起刷子，開始刷腳底，「這樣夠了沒？還是還不夠？」他給孩子們看他的腳。

「還不夠！」孩子們大笑。

「你們也要一起玩！來來來，給我看你們有沒有把腳刷乾淨。」

「醫師先生，你看我的腳多乾淨。」玫瑰拉著柯札克的褲管。

「我也要，我也要！」其他的孩子們喊。

「醫師先生！醫師先生！」費拉喊：「李休根本沒洗腳，他只是到水裡沾了一下，然後就出去了。」

「去找李休。」柯札克悄悄對希妲說：「看看他是否需要幫助。」

原來李休嚇壞了，他打著赤腳、渾身濕淋淋的，就跑到外面去了。

等所有的孩子都睡了，柯札克邀請那些想當保育老師的青少年一起來開會。

「你們必須寫下所有你們看到的一切，這很重要。」柯札克說：「你們每天晚上要花半小時，思考今天發生了什麼事、遇上了哪些困難、有誰擾亂秩序，還有為什麼。你們要小心『孩子』這個概念，如果有一個老師只把孩子當成群體，而沒辦法注意到每一個有名有姓的個體，他就不該當老師。如果你們遇上了問題，或有疑惑，那就來問我或史蒂芬妮小姐。你們還得記得一件事：孩子們應該學習獨立，如果你們出於同情，幫他們做這做那，這不是一件好事。每個人都應該獨立學會所有的事。」

深夜，「小玫瑰」所有的燈都熄了，只留下隔離室的一盞小燈。柯札克醫師在那裡睡覺（或者說，他在那裡守夜），和生病的孩子們一起。夜裡，他會帶他們去上廁所，幫他們倒夜壺，幫他們倒水、量體溫。

「您又不睡覺了。」史蒂芬妮小姐生氣了。

「這只是件小事。」柯札克醫師微笑著說。

「小事，小事，」史蒂芬妮小姐氣呼呼的說：「因為這些小事，您總有一天會病倒。」

但是柯札克仁慈的笑了。

「但我就是為了他們存在的啊。」他雙手一攤說。

我們的家

瑪莉娜・法絲卡小姐從基輔來到了華沙。自從她遇見了柯札克，她對教育的想法就改變了。有人找她來華沙近郊的普魯斯科夫，接管收容波蘭工人孩子的孤兒院，這所孤兒院被命名為「我們的家」。

「很高興再次看到您。」柯札克歡迎瑪莉娜小姐，「我知道您會把這所孤兒院經營得很好！」

於是，在一九一九年十一月，瑪莉娜小姐就和五十個來自最貧困家庭的孩子，住進了雪松街上的「我們的家」。柯札克醫師一週會到訪「我們的家」兩次，他依然住在漿洗街九十二號的「孤兒之家」。他負擔很多工作──負責兩所孤兒院的運作，並繼續當醫師，還在雜誌上發表文章，在各種不同的機構開會，同時也在寫書。

「您是怎麼辦到這一切的？」瑪莉娜小姐問。

「您一定會病倒的。」史蒂芬妮小姐擔心的說。

「我們的家」緩慢但很有活力的上了軌道。它位於一棟普通的老房子裡，那裡沒有花園，也沒有給孩子奔跑嬉戲的院子，既簡陋又很擠。但是從一開始，瑪莉娜小姐就和柯札克醫師及孩子們一起辦了報紙。

「當孩子們初來到『我們的家』──」瑪莉娜小姐在最早的一期報紙中寫道：「我們沒有長椅、桌子，也沒有電，用來生火的木柴很少，食物和麵包也很少。沒有衣帽間，沒有可以掛大衣的地方，也沒有可以收藏物品的櫃子……」

但是在這麼艱困的環境下，孩子們已經開始當值日生了，牆上也有公布欄和信箱，孩子們會自告奮勇，做起孤兒院裡的工作。因為物資還是很匱乏，必須省吃儉用，孩子們會努力試著不要弄髒衣服、鞋子、家具、碗盤、書本，也沒有人會浪費食物。大家約好，在打菜之前，孩子們會告訴值日生自己想吃多少，值日生就會知道要給孩子小份、中份還是大份的食物。麵包是很少出現的餐點，有一天，餐桌上難得的出現了麵包，小揚內克甚至對自己的那片麵包敬禮，出於崇拜敬畏的心情，吻了那片麵包。「到底要吃它，還是留起來等下吃？」他想著。

雖然「我們的家」很擠、很窮，生活也很困難，但孩子們都很高興，因為他們有了自己的家。他們發明了各種遊戲，比如「蛇」：孩子們會手牽手，唱著歌，穿梭在樓梯、房間、走廊。他們也會彈曼陀林琴、踢球、遠足，除此之外，桌遊也很受歡迎。

瑪莉娜小姐對孩子們照顧有加，然而，孩子們最期待的，還是醫師先生（那裡的孩子們都這樣叫他）的到來。

「醫師先生很好、很親切、很好玩，但瑪莉娜小姐讓人有點害怕……」孩子們會這麼對彼此低語。

瑪莉娜小姐並不好玩，她很高大、很嚴肅，總是穿著正式的黑色連衣裙和黑色的圍裙，白色衣領和法式袖口，看起來像個修女。她的黑髮總是高高梳起，讓她更像修女了。

「你有沒有注意到，她的眼睛有時候看起來就像一塊冰？」曼尼亞對克莉莎說。

「也許吧……但我覺得也有時候看起來像天空。」克莉莎笑著說。

雖然瑪莉娜小姐很嚴格，但她很照顧孩子們。

當醫師先生來到「我們的家」，所有的孩子都會衝過來抱住他，柯札克會哈哈大笑，和他們一起玩跳房子、跳繩。晚上，他會聽孩子們說話，然後閱讀他寫的手稿給孩子們聽。

「你們覺得怎麼樣？」他問：「我寫得好嗎？」

「對！但是請您再寫更多食人族的故事！」

「還有黑人！」

「還有旅行！」

「不，要寫中國人！」

「還是寫黑人比較好！」孩子們大叫。

柯札克會沉思，然後修改書中的內容。「他們是我的第一批讀者，也是最重要的評論家。」柯札克對感到訝異的瑪莉娜小姐解釋：「我在『孤兒之家』也會這樣做，在那裡，孩子也會給我建議，告訴我應該要寫什麼，而我會聽他們的建議，畢竟這些書是寫給他們看的！」

「如果在這本書裡出現一個精靈，可以實現你們所有的願望，你們會想要許什麼願？」柯札克有時候會問。

「我想要白香腸！」小米豪想都不想的就說。

「而我要肉凍卷，白香腸也要。」小卡齊克夢想著。

「包心菜燉香腸還有小香腸！」

「蕎麥血腸！」

「我只要一大碗濃湯就好。」梅丘嘆了一口氣說。

醫師則想著要如何做，才能讓「我們的家」的孩子有更多資金和更多食物。

憂鬱和不懈的工作

柯札克的軍階是少校，身為波蘭的後備軍官，他必須隨時都準備好為國家效力。他一直都在軍醫院工作，當時斑疹傷寒正在醫院肆虐。同時，另一場戰爭爆發了……因為蘇聯不接受波蘭獨立，而是想要它成為另一個共產主義共和國。

「會有結束的一天嗎？」史蒂芬妮小姐就像平時一樣擔心著「孤兒之家」、孩子們和柯札克醫師，她認為，柯札克一點都不照顧自己，「您總有一天會倒下的！」她看著柯札克，大聲說。

如她所料，不久後，柯札克就因為染上斑疹傷寒而病倒了。柯札克的母親把因為發燒而昏迷的他帶回家照顧，從早到晚守護著垂死邊緣的兒子。柯札克甚至不知道是母親在床邊照顧他，餵他吃藥、幫他退燒。

不幸的是，母親沒多久也被傳染了斑疹傷寒……幾天後就過世了。對柯札克來說，這是很沉痛的打擊，好長一段時間他都無法恢復，甚至難過到不想活了。

一九二〇年春天，柯札克醫師的健康終於慢慢改善，他再次開始寫作，但仍虛弱到無法拿筆，只能請來探望他的人幫忙寫下。他就是在那時寫下了〈給不禱告的人的禱告詞〉，他把它獻給早逝的父親，以及母親——母親過世後，柯札克感到巨大的空虛。他在禱詞中這麼寫：

媽媽、爸爸，感謝你們學會聆聽死者和生者的低語。

我感謝，我在美麗的死亡時刻認識了生命的祕密。

也是在這段時期，柯札克寫下了給老師們的禱告詞：

我昂然而立，設定志向，這已經不是為了自己。

給孩子好的人生吧，看他們付出努力，給予他們幫助；看他們經歷困難，給予他們祝福。

不要引領他們走上最容易的道路，但要帶他們走上最美麗的路。

而我能奉獻的祭品，只有我唯一的寶藏：憂鬱。

憂鬱和不懈的工作。

孩子的心

「您今天為何一直在沉思？發生了什麼事嗎？」史蒂芬妮小姐疑惑的看著柯札克醫師。醫師今天確實很古怪，孩子們也注意到了。平常在餐桌上，他總會做出各種好笑的舉動，逗得大家哈哈大笑，比如做鬼臉、吃別人盤子裡的食物、說笑話；但今天他只是嚴肅、專注的坐著。

「確實發生了某件事。」他嘆氣，「國家特殊教育學院邀請我去演講，我正在想要對他們講什麼。」

「您就告訴他們關於我們的事吧！」雷布斯大叫。

「還有我！」小凱茲爬到柯札克的膝蓋上說。

「還有我！」玫瑰嫉妒的抱住柯札克。

「哈！你們說得沒錯！」柯札克大喊：「最好的學習方式就是看實際的例子。有你們在真好！」他溫柔的說，然後開始和孩子們打打鬧鬧。孩子們跑到他身邊，把他摔倒在地上，拉著他的手和腳，敲敲、親親他的禿頭，摸著他的鬍子。

「他怎麼能讓孩子這樣撒野！」史蒂芬妮小姐生氣的想，但她什麼也沒說。有什麼好說的？說了柯札克醫師也不會聽。

國家特殊教育學院的教室裡，聚集了二十三個學生，他們都好奇的等待著新老師，他們聽說了很多關於他的事。突然，門開了，柯札克走了進來。他看起來不像他們想像中那麼偉大，反而彎腰駝背的，相貌也很普通。他禿頭，留著鬍子，又戴著一副眼鏡，穿著軍官的制服，手還牽著一個小男孩。

「我邀請各位去X光室，今天的課會在那裡進行。」他這麼說，然後牽著小男孩走出教室。

X光室很黑、很擠，裡頭站滿了學生。

「我好怕。」和柯札克一起來上課的小凱茲說。

「我也很怕。」柯札克微微一笑說：「但是我們可以的！現在把衣服脫下來。」柯札克向小凱茲眨了眨眼，然後開始設置X光機。

「這是燈嗎？」小凱茲問。

「對，是類似的東西。」醫師說：「如果我們用這個照你的胸部和背部，我們就可以看見裡面有什麼。」

「喔喔喔！」小凱茲很興奮。

柯札克醫師打開X光機，學生們在明亮的螢幕上，看到小凱茲的心臟，正在快速、不規律、緊張不安的跳動[16]。

「好好仔細看，然後記住這一幕。」柯札克醫師用動人的聲音輕輕說：「當一個孩子害怕的時候，他的心看起來就是這樣。孩子感覺事物的方式和大人不同，我們必須同理孩子，以孩子的眼光理解，他們是怎麼高興、愛、難過、生氣、覺得受辱、丟臉、害怕、信任。所以，當你們感到疲累，當你們對孩子生氣、大叫，當你們想要懲罰孩子、羞辱孩

16 當時醫學知識與設備技術還不先進，才會以較長的時間用X光照射人體。現在已經不會再這麼做了。

子時，請記得眼前的這幅景象，想想孩子的心。」

「小凱茲，你做得真好！」下課後，柯札克醫師抱住了男孩。

「您也是！」小凱茲露出缺牙的笑，「那我們會去吃餅乾嗎？」

「當然！」柯札克醫師俏皮的跳了起來，然後牽起小凱茲的手，和他一起一蹦一跳的離開教育學院。

手帕

六十名猶太幼稚園的實習老師（或說是女孩），正不耐煩的等待著要給她們上課的講師到來。

「他遲到了……」她們嘆氣，「但也沒什麼好奇怪的，柯札克醫師這麼忙……」

「他通常都在課堂上講什麼啊？」一個第一次上這堂課的女孩問。

「還會講什麼？講孩子啊。」

「但具體上來說呢？」

「你等下就知道了。」

終於，柯札克來了，他看起來很累。

「對不起，我遲到了。」他說：「我一整個早上都在觀察孩子們擤鼻涕的手帕，我如此沉醉其中，以至於忘了時間。」

「他這是在嘲笑我們吧！」新來的女孩和同伴耳語。

「孩子們的手帕是寶貴的知識來源。」柯札克說，看了女孩一眼，「你可以在裡面找到非常多線索。從醫學的角度，你可以從鼻涕的顏色，判斷孩子是否健康，除此之外，孩子們也會把自己的寶物包在手帕裡。我今天就在手帕裡找到兩顆珠子、一張閃閃發亮的巧克力包裝紙、貝殼和羽毛……有些孩子的手帕破破爛爛、皺皺髒髒，而有些孩子的手帕很整齊乾淨，為什麼？我們從這塊毫不起眼、用來擤鼻涕的破布中，可以看出多少關於手帕主人的事啊，包括他的個性。」

未來的老師們，專注的聆聽柯札克演講。

「我給你們的回家功課，是請你們描寫一段童年的回憶。請你們其中一人把這些作業帶到『孤兒之家』來給我，我會讀這些作業，然後下次上課時，我們會來談談它們。」柯札克說，然後宣布下課。

下一次的課準時開始，柯札克走進教室，坐在桌前。

「我讀了六十份誠懇、真實的童年回憶。」他指著桌上的一疊紙，說：「有趣的是，有五十八份都是令人難過的回憶，也就是說，只有兩份是快樂的回憶。這代表著什麼？代表孩子的人生就是這樣，打從一出生就愁雲慘霧。孩子本來待在媽媽溫暖的體內，聽著媽媽的心跳，但出生時，就被突如其來的強光刺得睜不開眼，一雙冰冷、粗糙的手把他從媽媽體內拉出來，他吸了一口空氣，然後開始哭叫。人在痛苦中出生，之後每一個新的經驗也都伴隨著痛苦，孩子們在這世上過得很糟，所以我們必須幫助他們，這就是每一個老師的工作。」

罵人的話

柯札克試圖寫作，他專注的坐在自己的小房間，埋首紙堆。他腦中浮現一個故事，關於一個成為國王的男孩。他才剛開始想第一句要怎麼寫，就有人打開了門，氣呼呼的走進房間。柯札克抬起頭，是雷布斯。

「怎麼了？」柯札克問。

「醫師先生，布魯卡推了我，然後我鋼筆的墨水就灑到筆記本上了！」男孩通知了醫師，然後就走了出去，砰的一聲摔上門。

柯札克搖搖頭，再次埋頭寫作。他才剛寫好第二個句子，門又開了，克莉莎走了進來。

「醫師先生，我可以拿骨牌去玩嗎？」她有禮貌的問。

柯札克點點頭，然後又回去寫作。但是門再次打開了，這回進來的是哭哭啼啼的小雅各。

「我的手帕不見了！」他絕望的抽抽噎噎。

「去失物招領櫃看看，也許有人找到，把它放到那裡了。」但是他話還沒說完，門就又打開了，現在進來的是小約瑟夫，他臉上帶著勝利的笑容。

「我找到了一條手帕！」他驕傲的說：「它躺在窗臺上！」

如果你放下這本書時，開始整理出自己的想法，
那麼這本書的目的就達成了。
——柯札克
（出自《如何愛孩子》，心靈工坊出版）

這時候，柯札克醫師的耐心已經用完了，他於是對小約瑟夫念了一串罵人的話：「你就像試煉我的火焰，考驗我的耐心！你是我忍耐度的奠基石！你給我的平靜心靈寫下了墓誌銘！」小約瑟夫目瞪口呆，看著柯札克醫師大吼大叫。

「故事結束，反正也沒辦法寫。」柯札克終於說，然後走出房間。

但是那天的災難還沒結束。小海因馬把水龍頭打開後沒關，於是整間浴室都淹滿了水。

「啊，你這個大蠢蛋、大傻瓜！」柯札克對他大吼：「我要生你的氣，直到晚餐時間。」他說。一直到吃晚餐，他都不和小海因馬說話。

「醫師先生，我可以拿球去玩嗎？」午餐後，小海因馬怯怯的問。

柯札克假裝沒聽到。

小海因馬低下頭離開，但是沒多久，他帶著一個朋友回來。

「醫師先生，小海因馬可以拿球去玩嗎？」阿容代替小海因馬問。

「跟他說，他可以拿一顆小球，但是不要踢來踢去。」柯札克說。

「好。」小海因馬畏畏縮縮的微笑。

「他剛說什麼？」柯札克問阿容。

「他說好。」阿容解釋。

「那就好。」柯札克對阿容微笑，但還是看都不看小海因馬一眼。

繽紛的節日

一大早，柯札克醫師就開始調皮搗蛋。早餐時，他扮演鸛鳥，用單腳在餐桌旁跳來跳去，吐舌頭，吃別人盤子裡的食物，孩子們都因為他的玩笑而哈哈大笑。

「**她**不在家真好！」柯札克邊唱邊在飯廳裡跳來跳去，「今天我們可以玩個開心！」他帶著孩子玩「蛇」遊戲，帶他們穿過樓梯、房間和走廊。今天史蒂芬妮小姐外出了，她在城裡有事要辦，於是，柯札克醫師就把這一天變成了充滿玩笑和惡作劇的日子。

「其實，我們可以自己發明節日。」當大家都玩累了，安安靜靜的坐著時，柯札克說：「我們可以在月曆上把它們圈出來，比如，我們可以選一天當做『賴床節』，你們覺得怎麼樣？」

「那要怎麼過節呢？」

「在這一天，我們愛睡多久就睡多久！」

「睡一整天也可以嗎？」

「可以！有人想要一整天待在床上都可以。」

「喔！超棒的！我們想要這樣的節日！」

「或是『髒鬼節』。」柯札克對孩子們擠眉弄眼。

「這表示我們不用洗澡？」小雷左問。他很不愛洗澡。

「在『髒鬼節』不用。」柯札克一本正經的說：「我們甚至可以約定，在這一天**不可以**洗澡，如果有人堅持要洗，那就要罰錢。」

「喔喔！」孩子們驚喜的大叫，看得出來，他們覺得這主意棒呆了。

「那『最長的一天』呢？」蕾秋問。她總是最晚睡。

「在這一天，我們愛什麼時候上床睡覺，就什麼時候上床？」柯札克微笑。

「對，或是可以完全不用睡覺。」蕾秋紅著臉說，大家都笑了。

「可以，這個主意不錯。」

「我們想要這樣的節日！」孩子們大叫。

「那你們就必須制定這樣的節日，」柯札克說：「而且最好成立一個議會來討論。」

「那是什麼？」

「首先，你們要分成好幾區，我們可以把五個孩子分為一區，每一區都要選一個區議員。議員會問區內的成員，他們要不要贊成制定某個節日，然後區議員會在開會時，向其他人介紹這一區的意見。最後議會一起決定，要通過哪些提議。」

「要怎麼決定？」

「投票表決！就像真正的議會。」

「這表示我們會有一個真正的政府？」孩子們驚訝的問。

「為什麼不？」醫師反問：「畢竟，我們都是有權利的公民啊。」

晚上，史蒂芬妮小姐回來了。孩子們衝去門口迎接她。

「史蒂芬妮小姐！史蒂芬妮小姐！您去哪裡了？我們會有一個議會！還會有各式各樣的節日！」孩子們大叫。

「我不在家的時候，你們又胡搞瞎搞了？」史蒂芬妮小姐兇巴巴的問，但馬上就哈哈大笑，溫柔的抱住孩子們。

晚上，公布欄上出現了一張告示，上頭是這麼寫的：

請大家不要再叫我「史蒂芬妮小姐」，要叫我「史蒂芬妮女士」。

第一，我已經很老，不是小姐了。

第二，我有這麼多孩子，怎麼可能還是小姐呢？

議會

大家於是決定：如果有四個人投票給你，你就可以當選議員。每個人都可以投票，但是只有在法庭中沒有不誠實紀錄的人，才可以成為議員候選人。很快的，大家就透過自由選舉，選出了二十名議員。

第一批通過的條文和節日有關：

十二月二十二號（一年中最短的一天）是「不值得起床節」：如果有人想要，他那天可以一直睡，不用起床，也不用鋪床。

六月二十二號（一年中最短的一夜）是「不值得上床睡覺節」：如果有人想要，他可以整個晚上不睡覺。

下雪的第一天是「雪橇節」：這一天可以打雪仗、在雪地散步、玩雪橇。

一年的第三百六十五天是「廚房的生日」：這一天孩子們會自己煮飯，讓廚娘休息。

「髒鬼節」：這一天不可以洗澡，如果有人想要在那天洗澡，就必須交罰款。

「鍋爐節」：有一次孩子們需要使用鍋爐，但電梯壞了不能坐，那時有個年長的男孩，嫌麻煩就拒絕幫忙。為了紀念這件事，在這一天我們會抽籤抽出兩個年長的男孩，負責把早餐拿到餐廳。

「鼓勵的節日」：一年中犯了最多錯的孩子，在這一天可以得到特赦。[17]

其他的條文則是關於孩子們在「孤兒之家」的地位。

每個孩子和老師在「孤兒之家」待滿一個月後，都會接受「居民評

17 出自《如何愛孩子》，雅努什・柯札克／文，林蔚昀／譯，心靈工坊出版，二〇一六年。

鑑」，之後也會每年舉辦一次評鑑。投票時，大家會寫：「我喜歡他（＋）」、「我不喜歡他（－）」、「我對他沒感覺（○）」。居民的地位取決於他獲得的加號，獲得的加號愈多，就可以擁有愈多權利。獲得最多加號的孩子們，地位就是「同伴」；如果有人的加號比較多，但也有幾個零和減號，那地位就是「普通居民」；零和減號比較多的人，就是「冷漠的居民」；而那些得到最多減號的孩子，則是「惱人的居民」；在評鑑中只獲得加號，完全沒有零和減號的孩子，就會成為「孩子的國王」。

接下來，議會還通過了「記憶明信片」的制度。明信片上會有這樣一段話：「議會在某月某日，把記憶明信片頒發給某某人，因為……」

明信片的圖畫應該和頒發的內容息息相關，所以：

如果頒發的內容，是獎勵在冬天早上準時起床，圖畫就應該是冬天的景象。如果是在春天，那麼圖畫就應該是春天的風景。

如果有個孩子一直都很早起床，那當他蒐集到了四季的明信片，他就可以得到「堅強意志的明信片」。

削了兩千五百磅馬鈴薯可以得到「花朵的明信片」。

打架、爭吵、不遵守法律和條文會得到「老虎的明信片」。

照顧小小孩和新來的小孩可以得到「照顧的明信片」。

如果從來沒有生過病、長得很快、熱愛運動，可以得到「健康的明信片」。

如果有人在一年內很盡責的完成了值日生的工作，他就可以得到有華沙風景的明信片。

如果有人要離開「孤兒之家」，他會獲得一張道別的「勿忘我」明信片，上面會有所有孩子和老師的簽名。

「明信片不是獎品，而是紀念、是回憶。有些孩子會在人生路途上遺失它，有些孩子會把它留存很久。」柯札克說。[18]

每日的快樂和挑戰

「醫師先生！醫師先生！你會買我的牙齒嗎？拜託，它在晃了……」小布紐斯張大嘴，給柯札克看他搖晃的乳齒。

「不，」柯札克打斷他，「按規定，我只會買已經掉下來的牙齒，你是知道的。」

「但是它很快就會掉下來了……」小布紐斯帶著期望的眼神說。

18 出自《如何愛孩子》，雅努什．柯札克／文，林蔚昀／譯，心靈工坊出版，二〇一六年。

「不，我不能為你開這個特例。再說，這對我有什麼好處？我買了一個還沒掉下來的牙齒，但要是你之後把它弄丟了或是吞下去了，那怎麼辦？」

「不！我保證我會好好保護它，拜託啦，醫師先生，我保證！」小布紐斯不放棄。

「嗯……你真的會好好保護它？」醫師說：「有意思……」

「拜託啦，您會買下它嗎？」

「你最好還是告訴我發生了什麼事。」柯札克注視著小布紐斯，「你遇上麻煩了嗎？」

小布紐斯點點頭。

「真的？」

小布紐斯再次點點頭，這一次比較沒自信、有點不好意思。

「啊，你這個絕望的小可憐。」柯札克慈祥的笑著說：「告訴我發生了什麼事。」

「我和菲莉亞借了五十分錢，但現在我沒錢還，她就一直欺負我。所以我就想，也許您會想買我的牙齒……」

「我會買你的牙齒，但不是現在，而是等你把牙齒放在手上拿來給我的時候。要是我現在買，就像是在購買一個還不存在的商品。」

「那我該怎麼辦？」淚水已經在小布紐斯的眼裡打轉。

「好啦，我冒個險。我會先付給你五十分，但是我會等著你帶你的牙齒來。別忘了，五十分可不是小錢，可以買一個冰淇淋，或兩小塊巧克力呢。」

「當然，當然！謝謝醫師！」小布紐斯喜滋滋的說，然後拿了錢去還給菲莉亞。而柯札克則自己一個人哈哈大笑。

窗戶

柯札克搬到了別的房間。

「您要逃離我們，逃到閣樓！」史蒂芬妮小姐說。

「我有時候需要一點孤獨。」柯札克藍色的眼睛暗下來，「我老了。」他憂鬱的笑著說。

「您在說什麼啊！」史蒂芬妮小姐嗤之以鼻，說：「您**永遠**不會老。」她堅定的說：「您就像他們一樣。」她指了指在院子裡奔跑的孩子，然後細心的幫柯札克理了理大衣。

事實是，柯札克需要一些寧靜的時光和安靜。他的書很受歡迎，出版社不停要求他寫新的書，而作家很需要專注和孤獨……

「孩子們還是可以進我房間，就像平常一樣。」柯札克醫師保證，但不知道為什麼，他對搬到新的房間，有一股罪惡感，「我和他們約好了，他們愛待多久就待多久，只是要安安靜靜的玩，小聲說話。」

「好啦，好啦。」史蒂芬妮小姐揮揮手說：「我知道，反正他們又會騎到您頭上的。」

要到柯札克在閣樓的新房間，要爬好多好多樓梯。旁邊有夜晚被孩子尿濕的床墊，正靠在梯子上晾乾，柯札克經過的時候，會順手給床墊翻面。新房間裡只有他的床、書桌、衣櫃和書架，他也準備了小桌子、小椅子來招待客人。

「我喜歡我的新房間。」柯札克笑了，「這裡甚至有三個窗戶，我還可以在窗臺上擺天竺葵。」

孩子們也很快的習慣了新房間，他們說，這裡就像是海上的燈塔。

「您為什麼要敲門？」當孩子們看到柯札克走進自己的房間也會敲門，他們這麼問：「除了您，還有人住在那裡嗎？」

「沒錯，我房間裡有些小房客，你們等下就會看到了。」柯札克低語，輕輕走進房間。

「喔！麻雀！」孩子們大叫，然後馬上捂住嘴，對彼此說：「噓，小聲點！安靜啦，不可以吵！」儘管如此，孩子們還是製造了許多噪音，麻雀便嚇得飛走了。

「不要嚇到牠們，這些麻雀是很可愛的一家人。」柯札克說：「牠們每天都會來看我，我喜歡牠們，因為牠們和你們很像。」

「和我們很像？」孩子們吃驚的問。

「對啊，其中一隻麻雀就像山繆爾，會推別的麻雀，咬牠們，吃的麵包屑也比別的麻雀多，但牠還是很討人喜歡。另一隻麻雀很像史藍麥卡，牠老是遲到，總是最晚來，又很遲鈍，其他麻雀會把牠的食物搶走，然後牠會憂鬱的看著牠們……如果麻雀會哭，牠一定會哭出來的，所以我會單獨餵牠。」

「我們也可以餵麻雀嗎？」

「那你們要很安靜才可以。」柯札克低聲說。之後，他看到孩子們一臉擔心，於是開始低聲吼叫，和他們玩。

「我注意到一件不尋常的事。」柯札克某天對史蒂芬妮小姐說：「每天早上，我都會把小桌子和小椅子擺得離窗戶遠遠的，但是每天晚上，我都發現它們變得很靠近窗臺。有時候我會發現，孩子們進來的時候，會毫不猶豫的把桌椅放到靠近窗戶旁邊；有時候我也沒注意到，他們是什麼時候做這件事的。於是我做了一個實驗：為了讓他們不要靠近窗戶，我在窗臺上堆滿花盆、書本、插畫和報紙。結果您猜怎麼著？我甚至不知道他們是如何辦到的，但他們很聰明的跨過這所有的障礙，往打開的窗戶那邊去。沒有任何事會比窗戶彼端的事物，更讓他們感興趣的了，這很有趣，不是嗎？」

小評論報

「我們的醫師先生是位編輯。」伊達對一個她負責照顧的新生說。

「這是什麼意思？」

「他會為報紙寫文章。我們『孤兒之家』有一份自己的報紙，瑪莉娜小姐負責經營的『我們的家』也有一份報紙。我也是編輯喔，我每週都會寫一篇文章。」

「哇！」小約瑟夫崇拜的看著伊達。

「你也可以寫喔！」

「我？」男孩怯聲怯氣的說：「要怎麼寫啊？」

「你只要寫一些什麼東西，然後丟到信箱就可以了。」

「喔！」小約瑟夫彷彿已經可以看到自己的名字，被登在真正的報紙上了。

之後，柯札克給了所有的孩子一份驚喜。

「我要創辦一份新的刊物，」他在大廳的聚會上對大家說：「一份只給兒童看的，也是為了保護兒童、為兒童發聲的週報。會有三名編輯負責：一個又老又禿頭、戴著眼鏡，一個男孩的代表，還有一個女孩的代表。這份報紙要讓所有的孩子，都不會羞愧於大聲、誠實的說出自己在擔心什麼。長期為這份報紙寫稿的人，會有自己的桌子和抽屜。」

大廳裡響起一片歡呼。

柯札克繼續說：「如果有人擔心自己寫字很難看，或擔心會寫錯字，編輯會告訴他：『沒關係，校對的時候可以改。』如果有人不想寫字，他可以用說的，編輯會幫他寫下來。孩子們可以用打電話、寄信、面談的方式，告訴編輯部關於孩子的新聞。還有一件事：無論年紀有多小，作者都會有稿費。」

孩子們開始拍手叫好。

「這份報紙要什麼時候開始？」小約瑟夫問。

「現在就開始！」柯札克大笑著說：「下週四，我會邀請所有對新報紙感興趣的人來參觀編輯部，我們的報紙會叫《小評論報》。」

過了幾天，在給大人看的《我們的評論報》[19]中，出現了一篇柯札克醫師寫的文章，邀請所有孩子寫稿或投書到《小評論報》。整個華沙和鄰近地區的孩子，都寫了信到編輯部，甚至連報紙的主編都沒料到會有這麼多信件！其中已經有許多人，把寫好的稿件寄過來或拿過來了。《小評論報》的編輯部就在《我們的評論報》的編輯部裡面，占了兩個小房間，編輯們就在那裡開了第一次的編輯會議。

「大家好，」柯札克開場：「歡迎參加這個新兒童刊物的第一次編輯會議。直到現在，都是大人寫文章給孩子看，他們一定覺得他們最清楚孩子需要讀什麼。但我們的報紙不一樣，從頭到尾都會由孩子撰寫、由孩子編輯，只有幾個大人會從旁協助。好了，讓我們開始吧！」

接下來，他們開始看寄來的稿件。

「第一篇文章叫〈我的牙齒在晃〉，是小布魯斯寄來的，描寫他那

19《我們的評論報》（Nasz Przegląd，1923–1939）是一份二戰前的波蘭猶太人報紙，《小評論報》(Mały Przegląd，1926–1939）則是它的副刊。

顆不肯掉下來的乳齒。我建議，我們把這篇文章放在『孩子的新聞』這個欄位。」

「醫師先生，您不覺得這篇文章有點奇怪嗎？」一個坐在後面、較年長的男孩問：「《我們的評論報》是一份嚴肅的報紙，裡面都是有關於戰爭、災難和國家大事的文章。那《小評論報》也不應該寫愚蠢的事……誰會在乎某個小布魯斯的牙齒在晃？」

「哦，這你就錯了。」柯札克嚴肅的說：「只要是關於兒童的事，每一件事都很重要。為什麼關於災難的報導，要比小布魯斯的牙齒重要？在《小評論報》刊登這篇文章的意義重大，小布魯斯會知道，他不是獨自一人在面對他的煩惱，有一份報紙了解他、支持著他。這份報紙存在的目的，就是表達對每個孩子的尊重和理解。有誰贊成刊登〈我的牙齒在晃〉？」

所有人都舉起了手。

「下一篇文章是九歲的羅曼寄給我們的。」柯札克繼續說：「他寫，他叔叔答應他，如果他考試成績進步，就會給他買一輛腳踏車。現在他成績進步了，腳踏車卻不見蹤影。我建議，我們把這篇文章刊登在頭版，然後標題寫〈叔叔，快去存錢！〉你們覺得怎麼樣？」

大家也都舉手表示通過。

「下一篇文章的作者是七歲的納斯圖斯。他說，媽媽要他穿著圍裙上學，這樣才不會把衣服弄髒，但所有的同學都笑他，說他是『小寶寶』。我認為我們應該在『家庭』的欄位刊登這篇文章，然後讓媽媽知道，納斯圖斯真的很痛苦。誰贊成？」

所有人都舉起了手。

從此之後，《小評論報》每週四下午都會開編輯會議，柯札克會先

我們不能讓世界繼續這樣下去。
—— 柯札克

談報紙的事，然後個別和每個編輯聊天，講故事和笑話，有時候還會和大家一起玩遊戲或跳舞。後來編輯部還建立了一個傳統：每次開完會，大家就會去附近的火腿店吃熱狗。

定期或偶爾幫報紙寫稿的作者愈來愈多，這也沒什麼好奇怪的，大家都很開心可以一起辦報紙。孩子們喜歡一起出來玩，於是創立了各種社團，包括友誼社團、遊戲和互助社團、小說家社團和發明家社團。柯札克醫師每隔一陣子，就會在城裡租一個大廳，邀請所有的編輯和作者來開編輯大會，參加人數甚至多達幾百人——當然大部分是孩子。

孩子們也寫了幾百封信到編輯部，每一封柯札克都會仔細閱讀、給它們分類，然後加上自己的評語。如果有個作者寫了一百封信給《小評論報》，他就會獲得一張有花朵的明信片。和報紙合作一年後，他會得到一張有水果的明信片。每年，《小評論報》會舉辦四場給固定作者的免費電影放映會。運作了三年後，柯札克為《小評論報》下了如此結論：「我們有三千兩百名固定給我們寫稿的作者，每年，我們都會收到一萬封來自孩子的信。」

祕書

柯札克醫師埋首紙堆中，他位於閣樓的小房間，到處都堆滿了筆記、日記、簿本、手稿、寫了筆記的小紙片，還有一疊一疊的紙堆。

「我記性不好，所以必須把所有的事都寫下來。」他解釋。

「或許您可以請一個祕書？」史蒂芬妮小姐說：「您總有一天會忙不過來的，作家、講師、編輯、老師、醫師……誰有辦法像您一樣身兼數職？做這麼多不同的工作，人可是會發瘋的啊！」

「我亂中有序。」柯札克為自己辯護：「喔，比如說這邊是我的童書《魔法師凱特》的草稿，這是關於男孩打架的描述，這邊是我和他們打賭的紀錄，那邊是我對他們的觀察。」

「您愛怎樣就怎樣吧，只是我覺得，您應該有個祕書。」史蒂芬妮小姐低頭看看四散的紙張，「您遲早會被這堆紙淹沒的！」

大家都知道，人生總是安排好的。這段對話過了不到一個月，醫師就聽說有個年輕人在找正職工作。

「讓他來找我吧，我們看著辦。」他說。

於是有一天，耶日・亞伯拉莫夫[20]就來到了漿洗街九十二號的「孤兒之家」。他問孩子們，在哪裡可以找到柯札克醫師。

「在那裡，在和人打賭。」孩子們說。雖然來應徵祕書工作的亞伯拉莫夫，已經聽說過很多關於這位知名教育家、醫師、作家、編輯的

20 耶日・亞伯拉莫夫（Jerzy Abramow）作家伊戈爾・諾維利（Igor Newerly，1903–1987）的筆名。他曾擔任柯札克的祕書，也當過《小評論報》的主編。二戰期間曾參加波蘭地下愛國運動，也協助過柯札克並保存他的日記。

事，但他還是感到驚詫無比。

「**那就是柯札克？**」亞伯拉莫夫想，「他看起來好普通，甚至可說是完全不起眼。」

孩子們排著一條長長的隊伍，總是有這麼多人在排隊，要跟柯札克醫師打賭。亞伯拉莫夫決定排在隊伍末端。

「你要賭什麼？」柯札克翻閱著筆記本，問。

「我想要當您的祕書。」亞伯拉莫夫小聲說，他不知道還能說什麼。

柯札克抬起頭，「啊，就是您啊！」他伸出手和亞伯拉莫夫握了握，邀請他到自己在閣樓上的房間，「您看，這裡有這麼多文件，要麻煩您整理一下。」

「真是個奇怪的人。」這是亞伯拉莫夫一開始對柯札克的觀感，但後來他就習慣了。接下來的兩年，他每天都會來找柯札克。柯札克會在房間踱步，念出文章的內容，而亞伯拉莫夫會坐在扶手椅上，寫下柯札克說的話，其中包括小說、對孩子的觀察、講稿和信件。雖然要寫的東西很多，但工作兩個小時後，柯札克就會準時結束，「我要去找孩子們了。」他說，然後就消失了。

「他每天都和孩子為伍，和他們一起吃飯、玩耍、學習，彷彿他自己也是個孩子。」亞伯拉莫夫不懂柯札克為什麼要這麼做。

有一天，祕書沒有來上班。

「他怎麼了？」柯札克不安的想，「他總是認真又準時……我得去看看。」他決定去亞伯拉莫夫家找他。

他發現他的祕書躺在床上。

「您生病了嗎？」他問。

「或許是吧……」亞伯拉莫夫說：「我不想活了。」

柯札克看了看他，聆聽他的訴說，然後做出診斷，「您需要去修道院。」

「修道院？」亞伯拉莫夫訝異的問。

「嗯，或是我們的『孤兒之家』，反正都差不多啦。」柯札克笑著說：「規律的生活以及與世隔絕、固定的課程表。我可以提供您一個房間，代價是您得和孩子們一起工作。」

「可是我要教他們什麼？我只會寫作。」

「您**喜歡**做什麼呢？」

「嗯……我喜歡……我喜歡做木工，但只是做給我自己用。」

「太棒了！您就和孩子分享您的興趣吧，這就是您的工作。當然，您也得繼續當我的祕書。」柯札克意有所指的咳了一聲說。

於是，亞伯拉莫夫搬進了「孤兒之家」，而在公布欄上則出現了關於木工課程的新告示。一開始有四個男孩報名，其中一人想要做兩個一模一樣的相框。

「為什麼要兩個一模一樣的？」亞伯拉莫夫驚訝的問。

「一個是拿來放我子孫的照片，另一個是拿來放樹，它們一定要一樣，您懂嗎？」施洛姆說。

「不，我一點都不懂。什麼子孫？你已經有孩子了？」

他的同伴們開始笑。

「我有十一個子孫。」男孩嚴肅的說。

亞伯拉莫夫一開始認為男孩是在開他的玩笑，但後來發現，男孩根本沒在開玩笑。施洛姆解釋，他已經十四歲了，很快就要離開「孤兒之家」。就像每一個離家的人，他會得到照片和一幅畫，做為餞別的禮物。照片上會有所有他照顧過的新生，那些是他的「兒子們」；而那些他的「兒子們」照顧過的孩子，則自動成了他的「孫子們」。就這樣，施洛姆有了三個「兒子」和四個「孫子」，還有四個「曾孫」，加起來總共十一個子孫。

「在這張照片上，我會坐在扶手椅上，被我的子孫們圍繞。」他驕傲的說。

「好。」亞伯拉莫夫說：「那第二個相框是拿來幹麼的？」

「我已經說過了，是拿來放樹的。那會是一張畫，我是樹幹，然後會有三個主要的樹枝，上面寫著我『兒子們』的名字，還會有一些小樹枝，寫著『孫子』和『曾孫』的名字。這就是為什麼兩個相框要一模一樣，因為它們在講同一件事。」

「我懂了。」亞伯拉莫夫終於同意了，「我們就做兩個一模一樣的吧。」

有一天，亞伯拉莫夫告訴孩子們他小時候玩過的海戰遊戲。

「太讚了！」男孩們都很興奮，「我們也想要做一個！」

他們開始製作遊戲的各個零件，一起鋸木頭、上色、黏貼。一塊木板上浮現了多個島嶼，有希望島、絕望島，中間還有惡魔海峽，港口和包圍這些港口的海盜船也出現了。他們也在島上設置了燈塔，打造了潛水艇、魚雷艇和整個艦隊。

亞伯拉莫夫也十分投入，當整個「孤兒之家」都睡了，他還徹夜坐在工坊，不眠不休的製作……

「您這麼晚還在這裡做什麼？」有一次，史蒂芬妮小姐遇到了熬夜工作的亞伯拉莫夫。

「我在幫孩子們做海戰遊戲，有兩個分艦隊，還有加勒比海……」

「這是賭博遊戲嗎？」

亞伯拉莫夫哈哈大笑。

「喔，不是！這是想像的遊戲，比跳棋難一點，您也可以試試看。」

「不用了，謝謝。我相信您，您就和孩子們玩吧，我沒什麼好反對的。我只是覺得有點奇怪，一個大男人，還會在這裡做海盜和戰艦……」

「我小時候玩士兵，我媽媽也覺得很奇怪。那些和我同年齡的孩子，他們都已經變得很認真又嚴肅，不玩士兵遊戲了。」

「柯札克醫師直到今天都很喜歡玩積木。」史蒂芬妮小姐笑著說：

「但是現在請去上床睡覺吧，已經很晚了。」她說完話就去巡房了，就像過去的每個晚上一樣，靜悄悄的走過孩子們的床鋪，幫他們蓋被子，聆聽他們的呼吸，看著他們熟睡的臉龐微笑。

頑固的男孩

「我不知道這是不是個好主意……」柯札克緊張的在房裡踱步。

「您就去吧。」史蒂芬妮小姐說，她想伸手碰他的肩膀，卻又在最後一刻把手縮了回來。

「我就這樣丟下您去面對這一切，這樣感覺有點蠢……」

「但我不是一個人啊！還有許多老師和員工可以幫我，孩子們也會幫忙的，您可以放心的去。」

「亞伯拉莫夫答應我，他會代理《小評論報》的編輯工作……」柯札克自言自語：「再說我早就把整份報紙都交給他去編了，就讓年輕人來辦這份報紙吧，我已經太老，也太累了。」

「您看，您自己也知道，所以您就去吧。至於老，我們已經討論過了，如果一個人一直都是孩子，他怎麼可能變老呢？」

「我這輩子看過很多孩子，他們在童年就已經老去了……」

「醫師，不要再說教了，我們也不是在談這個。我重複一遍，**您就去吧**。」

「好吧好吧……如果您這麼堅持……再說，我只去幾週而已。」柯札克嘟囔。

史蒂芬妮小姐對自己微笑，她根本沒有堅持。再說，在內心深處，她希望柯札克醫師不要離開，但另一方面，她知道他需要休息。

就這樣，柯札克去了曼澤寧度假，他現在躺在一張掛於兩棵橡樹之間的吊床上。

「有趣，真有趣……」柯札克喃喃自語，一邊翻著一本超級厚的法文書，「可以用這個來寫一本非凡的小說給孩子看！」他迫不及待的動來動去，吊床因此而搖晃。「我一定得把它寫出來，或許不會有很多孩子想要讀……但是沒關係。我會為那些有著騷動靈魂、想要成就一番大事業，又能和頑固共處的孩子寫這本書。嗯，沒錯……頑固，路易·巴斯德是個頑固的人，他從小就是個頑固的男孩……『頑固的男孩』，這就是這本書的書名！我得立刻動筆。」他微笑著，然後費了一番力氣才從吊床中爬出來。

「喔，我老了。」他對自己低語，看著附近的莊園，它在公園的襯托下看起來特別雄偉。在莊園旁，有一群穿著鮮豔的孩子在奔跑嬉戲，他們是和父母來這裡度假的。每年夏天，都會有同一批喜愛寧靜、冥想、靈性生活和鄉村美食的人，來「密林」這家旅館休憩。

「醫師先生，您不覺得今天的陽光特別美麗，上天對我們特別慷慨嗎？」和柯札克擦身而過的旅館女主人瑪莉亞小姐說。她穿著飄逸的連衣裙，肩膀上掛著毛巾，「我的靈魂都要因為這炎熱的天氣而暈倒了，我要去河邊游泳。」

「啊，沒錯，今天真的很熱。」柯札克說，理了理黑色的西裝，西裝下可以看到他的白襯衫，扣子扣到最上面一顆。

「也許您想和我一起去游泳？去涼快一下？布格河今天很清涼，會很舒服的！」她大笑。

「也許晚一點吧。」柯札克說，調整了一下腋下夾著的書，「我有很多工作要做。」

「靈魂不喜歡理智一直壓迫它！」旅館女主人氣呼呼的說：「在宇宙中，最重要的是平衡，這就是為什麼會有這樣一個地方。」她往四周一指，說：「這裡不只能讓人們恢復健康，也能讓他們的靈魂強壯。」

「沒錯，休息是必要的。」柯札克皺起眉頭說：「但是得先工作，然後再休息。」他說，然後對瑪莉亞小姐露出迷人的笑容。瑪莉亞小姐的臉紅了紅，然後就什麼都沒說，就往河邊去了。

柯札克走進莊園，這座被公園包圍的建築物會被稱為「密林」，不是沒有理由的。這裡很陰暗、涼爽，瀰漫老舊木頭的味道。醫師的房間在一樓，必須走過蜿蜒、嘎吱作響的樓梯才能到達。柯札克還沒踏上第一個階梯，就聽到有人在低聲嘻嘻笑，突然一聲尖叫後，就有東西像旋風一樣從樓梯扶手上滑下來，砰咚一聲摔到地板上，差點撞倒柯札克。

「你還活著嗎？」柯札克伸出手，那個揉著膝蓋的男孩抬起頭看著樓上，有個看起來嚇壞了的紅髮男孩，他捂著嘴，彷彿要阻止自己放聲尖叫。

「嗯，」小孩小聲說：「但我膝蓋好痛。」

「給我看看。」柯札克彎下身，把男孩的腳彎了彎，然後又拉直，「等等，我還得聽聽裡面發生了什麼事。」他把耳朵貼到膝蓋上，做出奇怪的表情，彷彿真的在聽膝蓋裡的聲音。「我是醫生，我有一個特別的咒語，可以治療你的膝蓋。」他搓著雙手，然後說：「霹哩啪啦，霹哩啪啦碰！不痛了，已經不痛了！好了！結束了，還會痛嗎？」

「不會！」男孩又驚又喜。

「你在上面做什麼？」柯札克看著樓上，那個紅髮小孩還一臉驚恐的站在那裡。「現在你可以滑下來了，只是要小心。不用怕，我會抓住你的。」他微笑著對震驚的男孩說。男孩小心翼翼的滑下扶手，準確無誤的滑到柯札克醫師懷裡。

「好啦，現在告訴我，你們在玩什麼遊戲？」

柯札克溫暖的眼神給了男孩勇氣，他於是說：「我們打了賭。」

「你們打賭？賭什麼？」

「我們賭，如果我敢滑下扶手，史蒂芬就會把他點心時間要吃的蛋糕給我。」濟斯瓦夫，那個摔倒的男孩說。

「我……我不是故意讓他跌倒的，我發誓！」史蒂芬真誠的看著柯札克醫師的眼睛說。他覺得醫師那雙湛藍的眼睛就像X光，可以把他看穿。他低下了頭。

「我知道你不是故意的。」柯札克摸了摸濟斯瓦夫的金髮，說：「現在你們兩個都滑下扶手了，所以已經扯平了，對不對？」

「是的。」史蒂芬如釋重負的抱了柯札克一下，然後難為情的、像箭一樣衝進院子，說：「濟斯瓦夫，來，我們來玩球！」他從遠方大喊。

「那我走了。」男孩往門邊走去，但突然轉身說：「您是位好醫師。」他認真的說，然後就跑去院子了。

柯札克對自己微笑，擺擺手。「這些頑皮鬼。」他想，一邊走進自己的房間。「這樣很好。」他點點頭，望向窗外，史蒂芬、濟斯瓦夫和其他男孩，正在奮力踢球。他把窗戶大大打開，讓外頭的喧嘩、笑聲和孩子們的叫喊進到房間。

他在桌前坐下，聽著這些從窗戶彼端傳來的聲音，沉思了一會兒。然後，他攤開紙張，打開鋼筆，開始寫：

孩子是未來的大人，
所以他們長大才會「成人」，現在還不算是人。
但我們明明就在啊：我們活著，感覺，痛苦著。
——柯札克
（出自《當我再次是個孩子》，網路與書出版）

這不是童話，這是一個真實的故事。

這不是童話，這是關於某個頑固男孩的真相。

故事是這樣開始的。

從前有一戶貧困人家……

老醫師

柯札克醫師的工作愈來愈繁忙了。他在兒童法庭裡協助孩童審理案件，在好幾家教育學院授課，寫好幾個專欄，一週兩次去「我們的家」陪伴孩童，而週日則要用來創作。史蒂芬妮小姐驚恐的發現，柯札克醫師一週工作七天，幾乎沒有休息。

然後，他又出乎意料的收到了波蘭電臺的邀請，請他為孩子們主持一個節目，而他很樂意的接受了。在很短的時間內，他的節目就變得十分熱門，一名聽眾寫信告訴他，說她很喜歡這個「聊天節目」。柯札克很喜歡這個稱呼，於是將他的節目取名為「老醫師談天」。在播放節目的一小時中，全波蘭的家庭都會聚集在收音機旁聆聽，幾千名聽眾都愛極了老醫師那「有魔力的聲音」，和他那些能激起人們興趣的話語，喜歡他總讓人哈哈大笑、讓人感動，雖然有時他說的故事，也很讓人難過。

柯札克醫師一直努力不懈，希望改善大人和兒童的關係，這是他認為最重要的事，但同時他也思考著，他截至目前為止的工作是否真的有意義。此時，全世界的猶太人都移民到巴勒斯坦去了，史蒂芬妮小姐原本也去了，但後來因為內心充滿掙扎而回來了，回到「孤兒之家」、回到**自己的**孩子身邊。一個曾和柯札克一起工作的老師，在巴勒斯坦的集體農莊定居下來，在那裡教導孩童。她寫信給柯札克，邀請他去參訪。

「也許我該去看看？」柯札克想著。此時，他正面臨一個很難抉擇的人生十字路口。他的電臺節目因為波蘭的「反猶運動」而被取消了，他和「我們的家」分道揚鑣，也搬出了「孤兒之家」。他在找尋新的道路，而通往巴勒斯坦的路可能就是其中一條。

於是，他去了巴勒斯坦，共去了兩次。第一次，他在那裡待了三週，之後又在下加利利的恩哈羅德基布茲待了六週。在那裡，他被分派去削馬鈴薯皮，和大家一樣工作。但是出於習慣，柯札克醫師對那裡做了許多觀察，和當地的人們談話、到處走動，並記下自己的感想。他也在那裡照顧嬰兒。在那裡出生的猶太孩子，皮膚晒得很黑，身體很強韌，這讓他驚訝又佩服。在巴勒斯坦期間，他做了許多筆記。

「這裡，在巴勒斯坦，我相信我可以和動植物交談。我也想要和石頭與星辰交談，它們的聲音很小，很安靜，但是不會說謊。」他如此寫道：「而現在，我要回華沙了。」

可怕的歲月

山繆爾、小海因馬、小亞伯拉罕、以薩克和幾個男孩，正在「孤兒之家」的院子裡踢球，這時，飛機突然從他們頭頂飛過。他們停下遊戲，望向天空。

「你們看，它們飛得好低！」孩子們開始大叫，揮舞雙手。

飛機在空中盤旋，突然，一聲可怕的尖嘯響起，炸彈就從飛機上掉了下來。

「孩子們，快進屋子裡！」柯札克大叫，試圖蓋過那可怕的噪音：

「所有人都躲到地下室，快點！」

史蒂芬妮小姐安撫哭泣的女孩們，然後跑過整座「孤兒之家」呼喚孩子，把他們帶到位於地下室的防空洞。

「所有的玻璃都會被震破的！」史蒂芬妮小姐緊張的說，看著不安的孩子們。

「我們現在必須待在一起。」柯札克對躲在飯廳桌子底下、不敢出來的孩子們說：「戰爭開始了。」

炸彈的尖嘯聲過後，柯札克打開收音機。

「華沙警報！」電臺上不斷重複這個句子：「華沙空襲警報！德軍入侵了波蘭！」

「我們必須儲存一些食物，然後用紙條貼住窗戶。」史蒂芬妮小姐馬上就開始行動。

「我們也必須教導孩子被轟炸的時候該怎麼做，今天大家都太慌亂了。」柯札克醫師皺起眉頭，憂心忡忡，「這原本是可以避免的。」

第二天，柯札克一早就告訴孩子，他們不會去學校。

「我們來玩戰爭遊戲。」他開玩笑的說：「好了，開始！大家都閉上眼睛，然後慢慢、安靜的走去地下室，一句話都不能說。我們手牽手，就像玩『蛇』一樣，慢慢下樓梯，眼睛要一直閉著喔。」[21]

孩子們認真、專心的練習，當炸彈帶著呼嘯落下，他們會自動自發牽起手，鎮定、安靜的走到地下室。在戰爭剛爆發的前幾週，空襲很頻繁，而且飛機常常在最令人意想不到的時刻進行轟炸。

有一天，孩子們坐在飯廳吃飯，突然，一波空襲又開始了。

「柯札克醫師還在外面！」史蒂芬妮小姐恐懼的望向窗外。

21 炸彈爆炸時的衝擊可能會對人體造成損傷（耳膜破裂、眼球突出等），這就是為什麼他們要閉上眼睛，還要摀住耳朵、張開嘴巴。

孩子們尖叫著，躲在桌子下，沒有人想到要去地下室。炸彈掉落的地方如此接近，整個「孤兒之家」都在震動、發出回音。突然，柯札克一臉笑容的出現在飯廳。

「你們繼續吃。」他平靜的說：「沒什麼，我只是必須提醒自己，以後出門要戴帽子，不然我的光頭會成為很顯眼的目標。」

但是，他們並不是每次都能保持冷靜和幽默，炸彈最後還是擊中了「孤兒之家」，毀了屋頂和柯札克醫師的房間。

「醫師先生，那些燃燒彈是可以被熄滅的。」約瑟夫・史托克曼說，他以前是「孤兒之家」的院童，現在則是這裡的員工。「只是要派人看守屋頂，就可以避免整棟建築燒毀。」

「好，約瑟夫，那我就任命你為我們的反空襲司令。」

從此，柯札克醫師和史托克曼會輪流在屋頂上守夜，如果有炸彈掉下來，他們就可以及時將它熄滅。

很快，在「孤兒之家」避難的，不只有「孤兒之家」的成員，史蒂芬妮小姐在這裡設了急救站，幫助鄰近地區的傷患。

「該是我穿上軍服的時候了。」柯札克終於說。政府正在全面動員，或許柯札克還能再以醫師的身分報效國家。

史蒂芬妮小姐什麼都沒說，她已經孤軍奮戰過，和孩子們一起從一場戰爭中活了下來，她知道情況會是如何。但是這一次比上次更糟，整個華沙都陷入了火海。

「我老了，」她看著孩子想，「大概無法再一個人應付這一切。」

不過，軍隊沒有讓柯札克入伍，因為他太老了，但史蒂芬妮小姐還來不及鬆一口氣，馬上就有別的事要擔心。柯札克醫師穿著軍服，走過被轟炸的華沙，尋找受傷、成為孤兒的孩童，把他們從街上帶到收容所。在電臺，他呼籲孩子練習如何閉著眼睛走到防空洞。一九三九年九月二十三日，柯札克醫師在電臺講話講到一半就中斷了，因為炸彈就在那時擊中華沙的發電廠，廣播無法繼續運作。

華沙沒有電、沒有交通網路、沒有食物和醫療用品，同時，城市裡有數十萬名傷兵，受傷的平民也不斷增加，被轟炸的醫院無法塞下這麼多傷患。

週日，十月一日，德國武裝親衛隊和德意志國防軍入侵了華沙，大逮捕開始了。四天後，十月五日，一輛車威風凜凜的開過市中心，開過廢墟，輾過人和馬的屍體，阿道夫・希特勒坐在車上，滿意的看著被毀滅的華沙。

旗幟

約瑟夫．史托克曼生病了。

「是肺炎。」柯札克拿下聽診器。

「都是因為他晚上總待在屋頂上，弄熄那些炸彈。」史蒂芬妮小姐擔憂的說：「天氣又已經轉涼了，他受了風寒。」

很遺憾，雖然柯札克努力治療史托克曼，他還是在幾天後過世了，留下妻子和一個小女兒。他最後被葬在猶太墓園。

「我們為他禱告吧。」柯札克在葬禮上說：「他是為了拯救『孤兒之家』而死的。」

幾分鐘的寂靜後，柯札克說：「這一週過得很糟糕，但是我們勇敢、有尊嚴的度過了，我們保持冷靜，還幫助了別人。我想，我們已經成熟到可以擁有一面自己的旗幟了，『孤兒之家』的旗幟，這就是我們的旗幟。」

柯札克把旗幟打開，它是綠色的，一面繡著大衛之星，另一面則繡著四葉幸運草。

孩子們驚嘆不已的看著它。

「麥提國王一世也夢想著要有綠色的旗幟！」蕾秋大喊。

「沒錯。」柯札克微笑著說：「因為綠色代表希望和生命。現在，在約瑟夫・史托克曼的墳上，我們要第一次向我們的旗幟宣誓。我們發誓要活得和平、勤奮、真誠。Szalom, Avoda, ve-Emet![22]」柯札克有力、動人的大聲說。

「我們發誓！」孩子們一同大聲說。

22 希伯來文，意思是「和平、工作、真實！」

尊嚴和兩百個孩子

街上的擴音器不斷廣播：「所有十二歲以上的猶太人，都必須在右手佩戴有藍色大衛之星的白色臂章。」史蒂芬妮小姐給自己、柯札克醫師、比較年長的院童，及「孤兒之家」的猶太員工都縫了臂章。

「我永遠不會戴這玩意兒。」柯札克說，他依然穿著波蘭軍官的制服。

「醫師，您這麼做一點都不理智。」史蒂芬妮小姐搖搖頭。

「我不戴就是不戴！」柯札克打斷她。

史蒂芬妮小姐驚恐的發現，柯札克醫師沒有在開玩笑。他穿著波蘭軍官的制服在城裡走來走去，不戴臂章，也不在乎宵禁。

「孩子們都沒有東西吃了，我哪有時間管這些禁止和規定啊！」他大吼：「我愛去哪就去哪，愛什麼時候去就什麼時候去！」

為了「孤兒之家」的孩子，柯札克每天都背著袋子，到猶太和波蘭的有錢人家去，向他們討錢、討食物。

「您好，請問有沒有兩噸馬鈴薯，可以給我的孩子們？」

「您有沒有尊嚴啊！」那些人不只一次嫌惡的說。

「尊嚴？」柯札克微微一笑，「確實，我沒有尊嚴，但我有兩百個孩子要養。」他回答。

當柯札克在宵禁時間過後，背著滿滿一袋食物要回「孤兒之家」，他在路上遇到了警察，於是他假裝喝醉了，大聲唱著歌。

「瘋子。」警察們看著他哈哈大笑。

搬家

一九四〇年十月二日，在德軍下令占領華沙後，華沙出現了一個封閉的區域：猶太隔離區。圍牆突然在市中心矗立起來，所有住在華沙的猶太人，都被迫要搬到隔離區去。

「我們也必須要搬到隔離區嗎？」孩子們問。

「不，我不認為德國人會強迫我們搬去那裡。」柯札克安撫孩子，也依然在騙自己，「我們又沒有對他們造成任何威脅！」

然而，「孤兒之家」也收到了搬遷的命令，史蒂芬妮小姐已經開始讓孩子們收拾東西。最後一刻，柯札克醫師還在拜託朋友，給他一些畫作和天竺葵盆栽。

「我們已經準備好了。」史蒂芬妮小姐說：「所有需要的東西都打包好了。」

「他們想讓我們搬家，我們就搬給他們看，而且要搬得盛大無比。我們會像在劇院裡面一樣排成一排，孩子們會邊唱歌，邊拿著燈、鳥籠、圖畫、色彩繽紛的天竺葵和尿壺。」柯札克大叫。

最後，車子載著孩子們的東西以及馬鈴薯，從「孤兒之家」開了出去。孩子們兩兩一排，跟在柯札克、史蒂芬妮小姐和幾名老師的身後，他們唱著〈即使身邊狂風暴雨〉。「孤兒之家」的門房皮約特·澤列夫斯基和他太太也跟了過去。

「您不用和我們一起去。」柯札克說：「您是波蘭人。」

「什麼叫做『我不用』？」澤列夫斯基生氣的說：「我和您一起工作了二十年，而現在您突然說『我不用』？不可能，我和我太太已經決定要和你們一起去，你們到那邊也會需要我們的。」

失。

於是大家一起往猶太隔離區走，路途中人潮擁擠，一片混亂。他們慢慢的走，柯札克一路注意，不讓任何人落單，也不讓任何人的東西遺失。

「我們載著馬鈴薯的馬車！」他突然說：「馬車不見了！我去問問他們，史蒂芬妮小姐，麻煩您照顧孩子，看好東西。」柯札克對史蒂芬妮小姐大叫，然後跑去找德軍。

「不要管它了，求求您，拜託您不要去那裡！」史蒂芬妮小姐大叫，但是柯札克醫師已經跑得遠遠的了。他跑去找德國的士兵，他們正站在道路兩旁，看著人群走向猶太隔離區。

「有一輛馬車，裝著給我的孩子們的馬鈴薯，它不見了。」柯札克生硬的用德文說：「我要它回來，現在。」

德國人哈哈大笑，「您又是誰啊？」

「雅努什・柯札克，本名亨利克・哥德施密特，我是『孤兒之家』的院長。」

「那是波蘭人的孤兒院嗎？」一個德國士兵問，看著柯札克的軍服。

「猶太人的。」

「那您的臂章呢？」

「我不戴。」柯札克說。

「您有什麼權利不戴？」德國人大吼，往柯札克臉上揍了一拳。

「世界上有人的法律和神的法律，人的法律會消逝，所以我只聽神的法律。戴臂章的規定是人想出來的，不是神。」

「您被逮補了！」德國人大吼，開始拉扯柯札克，「您會在帕維亞克監獄，等待神的法律給您懲處！」

出生和學習怎麼活是件難事。

——柯札克

（出自《柯札克猶太隔離區日記》，網路與書出版）

在此同時，史蒂芬妮小姐和孩子們，一起走到了猶太隔離區，在門前，德軍正一個一個檢查身分證明。

「你們是波蘭人？」德軍問澤列夫斯基夫妻。

「是的，但我們想要和孩子及柯札克醫師，一起搬到隔離區。」門房解釋：「我們已經一起生活了二十年……」

澤列夫斯基還沒把話說完，就被德軍打了一拳，昏倒在猶太隔離區前。而孩子們則跟著史蒂芬妮小姐及猶太老師們，一起進了隔離區。

不正常的正常

冷冷街三十三號有一所中學，「孤兒之家」的孩子們搬到猶太隔離區後，就被安置在這裡。然而，這棟建築物完全不適合當孩子們的家，他們必須從零開始，重新打造出寢室、飯廳、教室和工坊。要讓生活像以前一樣，彷彿一切都沒有改變，這很費工，要付出很大的努力。然而，柯札克醫師卻不在……

還好，靠著三名「孤兒之家」前任院童的奔走，加上可信賴的猶太警察幫助，柯札克終於從監獄中被放出來了。

「我們要把對著德國那邊的出口和窗戶封住，我希望，孩子們只會看到另一邊的風景。我們必須把他們和德國人隔離開來。」柯札克回來後，看了看他們的新居，立刻如此決定。

「但是我們沒辦法把他們和這裡所有的一切隔離開來。」史蒂芬妮小姐輕聲說。

「您等著瞧，我們會成功的。」柯札克堅定的說。

然後他就開始行動了。他依舊給孩子量著身高、體重，讓他們做值日生的工作，編報紙，講故事給他們聽。孩子們無法去上學，柯札克就自己給他們上課。除此之外，「孤兒之家」也有各種娛樂活動的社團，有縫紉社，還有偶劇社，不時會舉辦演出和各種主題的演講。公布欄上禱告的告示，幾乎所有的孩子都報名了。

「現在，在這個地獄裡，孩子們需要的東西，絕不只一小塊黑麵包。」柯札克頑固的說。

「有時候我不知道這一切是為了什麼，反正我們都會餓死。」史蒂芬妮小姐仍每日都為生計擔憂。

「只要能為了某人活著，人是不會那麼容易就死的。」柯札克說，然後再次出門去討食物。他又開始背著袋子，向人乞討、請求、和人吵架，激起人們的羞愧感、控訴他們，有時候如果需要，他也會裝瘋賣傻。簡單說，只要能獲得比配給多一點的食物，他什麼都願意做。

晚上，他會坐在寢室，講故事給孩子們聽。孩子們最喜歡聽長靴貓和麥提國王的故事。

喔，麥提在監獄裡過得真糟啊。

老實說也沒有很糟，只是很擠，很擠而且很無聊。

如果被關在監獄裡的人之後會被槍決，那他根本不會覺得無聊，但麥提是要被流放到無人島……[23]

再次搬家

一九四一年十月，德國人把已經十分擁擠的猶太隔離區再次縮小，有四十五萬人都擠在這狹小的地方。「孤兒之家」——包括柯札克醫

23 出自《麥提國王在無人島》，雅努什・柯札克／文，林蔚昀／譯，心靈工坊出版，二〇一九年。

師、史蒂芬妮小姐、老師和孩子們——必須再次搬遷，搬到滑溜街。

在這裡，配給的食物也變少了。一個月的糧食券可以買五條麵包（要分四次買）、三匙糖、一個蛋，偶爾才可以買到蕪菁甘藍、酸白菜和肥皂，所以，大家就用馬鈴薯皮煮湯，吃野生的藜或櫻桃蘿蔔的葉子。

有通行證的人可以出入猶太隔離區，有些人會把麵包、洋蔥和幾個馬鈴薯藏在衣服底下，偷偷帶進來，通常只會給自己和家人。另一些人則試圖非法翻牆，走私比較大量的食物。這要冒很大的生命危險，因為德軍會監視所有的出入口，看到走私客馬上就會槍斃他們。有些人則試著叫人把食物從牆那邊丟過來，但這也要冒著被殺的風險。

即使如此，食物依然太少，隔離區裡的人們，因為飢餓、寒冷、疾病和過度衰弱而死亡。柯札克費盡千辛萬苦，才能弄到一點食物給他的孩子們，當他看到有些人利用孩子來走私物品，他憤怒不已。在這種時候，孩子是走私食物的理想人選，他們身材矮小、動作靈敏，可以輕易通過牆上的縫隙或挖出來的地道。人們還縫製了特別的大衣給這些孩子們，大衣有很大的口袋，可以塞滿從另一邊帶來的食物，許多家庭的食物來源，都主要靠這些孩子們提供。

柯札克為了改善孩子們的環境而戰鬥，不只為「自己的」孩子，也為其他的孩子。他態度強硬，不肯讓步，有時候甚至會很不公平的指控無辜的人。「大家都可以恨我！」他大吼：「但是沒有人有權利偷走屬於孩子的魚油、糖、蛋，或者任何東西！」

勇氣街上，有一間猶太隔離區最大的嬰幼兒收容中心，幼小的孩子們在那裡挨餓受凍、又病又髒，而收容所的員工既無能，又不誠實。

「請讓我到勇氣街的收容所工作。」柯札克寫了申請書：「我請求提供給我一個住所，還有一天兩餐。我對住所的理解是一個角落，而餐點就是大鍋飯，甚至需要的話，這些我都可以放棄。」[24]

申請通過了，於是，柯札克開始每天在「孤兒之家」和勇氣街上的收容所之間往返，他給孩子們量身高、體重，餵食、治療他們，還和那裡的員工起爭執。

「那是個兒童屠宰場，」柯札克告訴史蒂芬妮小姐：「簡直像是殯儀館，十分寒冷，沒有燈、沒有衣服、沒有食物、沒有藥品，什麼都沒有。他們用桌布做成兩張毯子，用國旗做襯衫。孩子們受凍、皮膚潰瘍、腹瀉、得了斑疹傷寒、疥瘡，但最大的問題還是飢餓。」

「我們的孩子雖然活在這地獄中，但相對來說，過得比他們好。」史蒂芬妮小姐說，她的眼中充滿了恐懼。

「那裡的孩子們也喜歡聽故事。」柯札克醫師憂鬱的笑著說。

24 出自《柯札克猶太隔離區日記》，雅努什．柯札克／文，林蔚昀／譯，網路與書出版，二〇二〇年。

理想和現實

柯札克費了好大一番力氣才得了下床。他覺得很不舒服，他肺部有積水，心臟也在痛，雙腳浮腫，肩膀上還有可怕的皮膚潰瘍。

「我現在知道，咳嗽是很辛苦的工作。」他說：「就像穿衣服、走路、呼吸……生平第一次，我對孩子們的體重不感興趣。」他搖搖頭，但還是給孩子們量了體重，把所有一切記錄在筆記簿中。

「孩子們的體重又減輕了。」他說：「得去找食物。」

「醫師，」史蒂芬妮小姐說：「瑪莉娜・法絲卡小姐願意提供您協助，讓您離開隔離區，躲在雅利安區[25]。」

「不可能！」柯札克打斷了她。

「為什麼？」

25 華沙內非猶太隔離區的區域統稱。

「就是不可能。」

「但是這對您來說是個機會……」

「史蒂芬妮小姐！」柯札克的聲音變得尖銳、不悅，「我不需要任何機會！我不必活到看見戰爭結束，更不想抱著拋棄你們的罪惡感獨自活下去。」

「您再仔細想想吧！我們需要您活著……」

「請立刻停止！」柯札克生氣的說：「如果換做您，您會丟下我們嗎？」

「不會。」史蒂芬妮小姐輕聲說，然後沉默了。

幾天後，柯札克和瑪莉娜．法絲卡見面。

「我幫您把所有文件都準備好了。」

「我不需要。」柯札克強硬的說。

「為什麼？」

「我走了，孩子們怎麼辦？員工和老師怎麼辦？您也會把他們救出來，把他們藏起來嗎？所有的人？」

「很可惜的，這不可能。」瑪莉娜小姐低語：「我沒有這麼大的能耐。但是我可以確保您的安全。」

「這是幻覺，瑪莉娜小姐，在你們那一邊，也是地獄。德軍在每個角落抓人，那些人會被帶去給蓋世太保[26]。德軍會破門而入，不管在白天還是夜晚，都會把女孩、男孩、老人和帶著孩子的母親抓走，他們會叫這些人站在牆邊，槍斃他們。我有說錯嗎？」

「沒錯，但是……」

「那便沒什麼好說的。我本來以為，至少**您**會了解我。」

26 指二戰時期，納粹德國的祕密警察。

晚上，柯札克就像平常一樣，說床邊故事給孩子們聽，孩子們睡著後，他在隔離室和生病的孩子們一起入睡。

「我今天想要吃什麼？」他想，「瑪格嘉阿姨花園的覆盆子、牛肚湯、蕎麥、腰子……或是吃魚配塔塔醬？維也納豬排？加紅包心菜和馬拉加酒的兔肉醬？香檳配小甜餅和冰淇淋？不，絕不。為什麼？因為吃東西也是勞動，而我已經很累了。」[27]

郵局

夏天到了，「孤兒之家」的窗臺上，天竺葵開著紫紅色的花。柯札克正在細心澆花，他透過打開的窗，看著站在街道另一邊的德國士兵。

「我的禿頭……真是個絕佳的瞄準目標。」他想，「他手上有槍，

27 出自《柯札克猶太隔離區日記》，雅努什．柯札克／文，林蔚昀／譯，網路與書出版，二〇二〇年。

為什麼只站在那裡靜靜的看？也許他之前是個鄉下的老師，或是一位公證人，或者是餐廳服務生、掃街工友？如果我對他點頭，他會怎麼做？友善的揮手？還是其實他也不清楚目前的情況？也許他昨天才從遠方來……」28

「醫師，」史蒂芬妮小姐走進來，打斷了柯札克的思緒，「我們必須寫邀請函，請大家來看戲。」

「啊，沒錯，謝謝您提醒我。」柯札克把澆花壺放在窗臺上，「我馬上就寫，這會是一場盛大的演出。」他微笑著說：「所以邀請函也該隆重。」

「我們不做沒有把握的承諾，」他寫道：「我們敢肯定，在這一小時的演出，哲學家兼詩人美麗的故事，會帶給您極大的感動。我們邀請您在一九四二年七月十八日，下午四點三十分，來觀賞我們的演出。

28 出自《柯札克猶太隔離區日記》，雅努什・柯札克／文，林蔚昀／譯，網路與書出版，二〇二〇年。

『孤兒之家』的院長，哥德施密特，柯札克。」

孩子們準備了這場演出，協助他們的是年輕的女老師艾絲特拉[29]，劇本是柯札克選的，那是印度詩人兼哲學家泰戈爾的劇作《郵局》，關於一個被醫生禁止出門的男孩阿馬爾。小阿馬爾唯一的樂趣，就是觀察窗戶彼端的世界，他希望逃到遠大的世界，逃離自己封閉的房間，走上一條沒有人知道的路——到山上、到溪邊，看美麗的花、聽鳥兒的歌唱，和松鼠玩耍，跟牠們一起吃堅果。但是他無法這麼做，因為他得躺在床上休養。而他唯一的希望是收到國王的信，有了這封信就可以讓他獲得解放。阿馬爾引頸期盼著，最後他等得累到睡著了。

「您為什麼選了這個劇本？」有人問柯札克。

「為了讓孩子們習慣，」柯札克回答：「為了教會孩子們心平氣和的等待，等那個解放小阿馬爾的死亡天使到來。」

29 艾絲特拉·維諾哥羅（Estera Winogron，1914–1942），華沙大學的學生，也是「孤兒之家」的老師。

窗的彼端

「不好的事發生了，」史蒂芬妮小姐看著窗外說：「街上好亂……」

「德國人要清空隔離區了，他們正在把人帶走！」小亨利克衝進屋子，緊張的說。

「他們承諾不會動孤兒院，」柯札克安撫大家，「我們不會怎麼樣的。」

接下來幾天，令人不安的消息紛至沓來。每天，德國人都會用火車，把幾千個人載離猶太隔離區。

「他們要把人帶去東邊工作。」柯札克說：「在最糟的情況下，如果我們被帶走，我們也會在一起。那邊的地獄不會比這邊更糟。」

但是不同的消息也傳到了隔離區，有人說，那些火車哪裡都不會去……但是沒有人知道，坐上擁擠火車的幾千人，最後到底怎麼樣了。

一九四二年八月五日早上，一切和平常一樣，看來會是個炎熱的一天。孩子們起床，用冷水梳洗，然後在飯廳坐下，吃著寒酸的早餐，桌上有穀物咖啡和黑麵包。突然，窗外傳來德軍的喊叫和哨子聲。

「所有的猶太人都出來！」

柯札克站起來，出去看看發生了什麼事。過了一會兒他回來，請孩子們放下食物，準備穿衣出門。史蒂芬妮小姐看了看他，也一言不發的準備上路。她把沒吃完的麵包和水打包，讓孩子們穿上最好的衣服，兩個兩個手牽手。

柯札克拿出「孤兒之家」的綠色旗幟，牽起年紀最小的孩子，然後第一個走出門，史蒂芬妮小姐和最年長的孩子走在最後面。

他們走過好多條街，才走到池塘街上的轉運廣場，那裡有好幾千人都在等火車開門。

在炙熱的陽光下，他們在哭叫聲中站了好幾個小時，經歷了分離及篩選後，人群突然開始移動了。「孤兒之家」的孩子們排排站好，在柯札克醫師的引領下，跟隨人群往車廂的方向前進。

「報告，柯札克孤兒院的一行人已經上車了。」一個負責維持秩序的士兵向上級報告。

車廂的門鎖上了，裡面很擠，很悶。柯札克把不同的孩子輪流抱到手上，抱到狹小、被柵欄圍住的窗口前，讓他們呼吸新鮮空氣。

火車動了。

「你們記得那個在等國王來信的阿馬爾嗎？」柯札克問。

孩子們點點頭。

「那封信是要解放他的，而我們也在等信。說不定我們現在已經等到了？」

窗的彼端，是一片萬里無雲的八月天空。

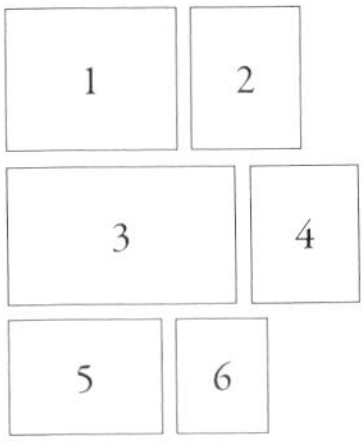

1. 位於漿洗街 92 號的「孤兒之家」，閣樓是柯札克醫師的房間。**2.** 當時華沙猶太隔離區的兒童照護。據說照片是在「孤兒之家」拍下。**3.**「孤兒之家」的飯廳，孩子們在此用餐。**4.** 搬離漿洗街後，「孤兒之家」被安置於冷冷街 33 號的中學。**5.** 柯札克醫師與「孤兒之家」的孩子們組成樂團。**6.** 德軍開始清空猶太隔離區，上萬名猶太人被火車載往滅絕營。

附錄　誰是柯札克？

字畝編輯部／整理

雅努什・柯札克（Janusz Korczak），本名亨利克・哥德史密特（Henryk Goldszmit），出生於1878年或1879年的華沙，是一位波蘭／猶太小兒科醫師與一位作家，不過他最廣為人知的身分，莫過被譽為「波蘭兒童人權之父」。

1912至1942年、三十年間，他與夥伴史蒂芬妮・維琴絲卡（Stefania Wilczyńska）共同經營「孤兒之家」，收留過數百名無家可歸的孩子，給予他們完善的照顧，最重要的，也給了他們自信、尊重與愛，讓孩子們得以長成完整、獨特的大人。

1939年，希特勒率領德軍入侵波蘭，二戰正式爆發。華沙頻繁遭到轟炸，柯札克與「孤兒之家」的老師、孩子們，在槍林彈雨中度過數年。同時因納粹德國的反猶主義，他們不斷被驅趕到愈來愈小的隔離區，最後德軍執行「最終方案」，開始屠殺猶太人。1942年，柯札克、史蒂芬妮小姐與數十名「孤兒之家」的老師，以及約兩百名院童，被帶往特雷布林卡（Treblinka）滅絕營，在那裡遭到殺害。

柯札克用一生認真、嚴謹的愛孩子，在主張威權教育的時代，大力提倡兒童人權，理念成為聯合國制定《兒童權利公約》的依據，為後世帶來深刻影響。臺灣也依同樣理念制定《兒童及少年福利與權益保障法》，並通過了《兒童權利公約執行法》，以法律保護、尊重孩子的權利。

柯札克醫師。

史蒂芬妮小姐。

柯札克醫師（中間帶帽者）與「孤兒之家」的保育老師及孩子們。

國家圖書館出版品預行編目（CIP）資料

窗的彼端：他從男孩亨利克，長成孩子的守護者——波蘭兒童人權之父柯札克的故事／安娜．切爾雯絲卡 - 李德爾著；林蔚昀譯．-- 初版．-- 新北市：字畝文化創意有限公司出版：遠足文化事業股份有限公司發行，2023.01
256 面；14.8×21 公分
譯自：Po drugiej stronie okna : opowie　o Januszu Korczaku
ISBN 978-626-7200-43-8（平裝）
1.CST: 柯札克 Korczak, anusz, 1878-1942) 2.CST: 傳記 3.CST: 波蘭
784.448　　111020654

XBSY0057

窗的彼端

他從男孩亨利克，長成孩子的守護者——波蘭兒童人權之父柯札克的故事

著｜安娜．切爾雯絲卡－李德爾
譯｜林蔚昀

字畝文化創意有限公司
社長｜馮季眉　責任編輯｜戴鈺娟　編輯｜陳心方、巫佳蓮
封面設計｜兒日設計　內頁設計｜張簡至真

讀書共和國出版集團
社長｜郭重興　發行人｜曾大福
業務平臺總經理｜李雪麗　業務平臺副總經理｜李復民
實體通路暨直營網路書店組｜林詩富、陳志峰、郭文弘、賴佩瑜、王文賓、周宥騰
海外暨博客來組｜張鑫峰、林裴瑤、范光杰
特販組｜陳綺瑩、郭文龍　印務部｜江域平、黃禮賢、李孟儒

出版｜字畝文化創意有限公司
發行｜遠足文化事業股份有限公司
地址｜231 新北市新店區民權路108-2號9樓
電話｜(02)2218-1417　傳真｜(02)8667-1065
客服信箱｜service@bookrep.com.tw　網路書店｜www.bookrep.com.tw
團體訂購請洽業務部 (02) 2218-1417 分機1124

法律顧問｜華洋法律事務所　蘇文生律師
印製｜中原造像股份有限公司
2023 年 1 月　初版一刷
定價｜ 360 元　書號｜ XBSY0057　ISBN ｜ 978-626-7200-43-8

BOOK INSTITUTE
©POLAND
This publication has been supported by the ©POLAND Translation Program.
本書由波蘭圖書協會補助出版。